디테일 러닝

호흡과 자세로 완성하는 러닝 퍼포먼스

구현경 지음

piper press

프롤로그
달리기의 도전

'이 짓을 또 하고 있다니…….'

가방에 새로 산 러닝화와 물 750ml가 든 보냉 텀블러를 던져넣고 택시를 기다리며 하는 생각이다. 아직 택시가 도착하려면 5분은 남았으니, 마음만 바꾸면 기사님께는 죄송하지만 나는 다시 침대 속으로 들어가서 이불로 몸을 돌돌 말고 3시간은 더 잘 수 있다.

달리기 책을 달리러 가기 귀찮다는 이야기로 시작하는 것이 다소 우습다. 책에는 달리기가 내 인생을 바꾸거나 구원해줬다, 그러니 이렇게 좋은 달리기를 당신도 했으면 좋겠다, 우리는 달리기 위해 태어났다 등의 영감 넘치는 메시지가 있어야 할 것 같은데 말이다. 아쉽게도 나는 달리기에 관한 책을 낸 모든 저자 중 달리기를 가장 덜 좋아하는 축에 속할 것 같다. 그저 내 몸과 정신이 달리기를 필요로 한다는 걸 알기에 계속할 뿐이다.

일단 달리기는 힘들다! 달리기 훈련을 각 잡고 하는 날에는 헬스장에서 하는 근력 운동이 소꿉장난처럼 느껴질 정도다. 다리 힘이 풀리고, 숨은 가빠지며, 뇌는 끊임없이 '멈춰야 한다'는 신호를 송출한다. 사람의 체력을 지옥에서 끝까지 시험하는 방법은 아마도 유산소 운동의 형태를 띨 것이다. 그러나 몸이 힘든 달리기는 차라리 나은 편이다.

달리기의 진정한 도전은 체력이 아닌 정신적인 문제에 있다. 달리기는 일종의 반복 노동이다. 이를테면 인형 눈알을 1만 개 붙이는 일 같은 것이다. 헬스장에서는 다양한 동작과 자극 속에서 비교적 쉽게 지루함을 피해갈 수 있지만, 달리기는 한 가지 동작을 계속 반복하는 수련에 가깝다. 쉽게 말해 지루하다. 그 지루함 속에서 내 머릿속 원숭이는 조용히 있지 못하고 들썩이기 시작한다. 달리기를 멈추고 카페에 들러 커피나 한 잔 마실까 싶고, 건조기에 넣지 않고 나온 빨래가 떠오르고, 중요한 이메일이 와 있을 것만 같다.

인형 눈알 1만 개를 붙이는 일. 처음에는 막막하고 요령도 없으니 속도도 안 붙고 손가락만 아프다. 그런데 수백 개쯤 붙이다 보면 이상하게도 잡생각이 사라지는 명상 효과가 찾아온다. '이렇게 하면 눈알이 안 비뚤어지게 붙네'와 같은 나만의 요령도 하나둘 생긴다. 단순노동은 그 자체로 창의적인 일은 아니지만, 반복성 덕분에 되레 미세한 변화를 감지하기가 수월하다. 그 작은 변화를 알아차리는 것만으로도 창의적이고 몰입도 높은 경험이 된다. 잡다한 생각은 잠잠해지고, '아까는 숨이 엄청 찼는데 지금은 적응했네', '바꾼 자세가 훨씬 더 편안하네'와 같은 깨달음이 몸의 리듬을 타고 떠오르는 순간에는 독서로도, 글쓰기로도 쉽게 도달할 수 없는 깊이에 잠시 닿는다.

수많은 현대인은 몸과 영혼의 연결이 끊긴 채로 지낸다. 우리가 달리기를 시작하거나 계속해야 할 이유는 건강이라는 축 밖에도 있다. 조용하고 반복적이며 어쩌면 조금은 외로운 행위 속에서 진정으로 숨 쉬는 법을 배울 수 있기 때문이다. 이 책의 독자들에게도 몸이라는 공간이 집이 될 수 있기를 바란다.

차례 프롤로그 **달리기의 도전** ··· 4

Part 1. 달리기와 호흡

1 숨을 위한 달리기
··· 12
- 호흡이 나를 바꾼다
- 호흡으로 정신을 조절하다
- 교감 신경과 부교감 신경
- 달리기는 숨을 넓게 빚어준다

Part 2. 올바른 달리기 자세

2 기울기: 달리기 자세의 핵심
··· 30
- 좋은 달리기는 부상 없는 달리기다
- 달리기 자세를 배우는 마음가짐
- 달리기는 전진 운동이다
- 앞으로 나아가기 위한 기울기
- 시선과 목

3 팔치기: 나에게 맞는 움직임과 각도
··· 42
- 팔로 다리를 조절하다
- 지양해야 할 자세
- 올바른 자세

4 코어: 의식하지 않아도 단단한 코어 만들기
··· 54
- 모든 운동은 코어 운동이다
- 달리면서 코어를 활성화하는 법
- 의식하지 않고도 활성화되는 코어를 만드는 법

5 착지법: 세 가지 착지법과 무게 중심
··· 61
- 누구를 위한 조언인가
- 세 가지 착지법
- 힐 스트라이크
- 미드풋 스트라이크
- 새로운 착지법을 도입하고 싶다면
- 포어풋 스트라이크
- 착지법보다 중요한 무게 중심
- 발목과 발 자세
- 무릎과 발의 움직임
- 모든 걸 다 잊고 즐겁게 달려라

Part 3. 훈련법과 러닝 다이내믹스

6 강도를 넘나드는 훈련법
··· 88

- 쉬운 훈련은 충분히 쉽게, 어려운 훈련은 충분히 어렵게
- 걷기
- 조깅
- 장거리 훈련(LSD)
- 업힐
- 페이스주
- 템포 런
- 인터벌
- 스프린트
- 파틀렉

7 존 트레이닝을 적용한 훈련법
··· 109

- 유산소 운동의 본질
- 에너지 화폐
- 무산소성 엔진과 유산소성 엔진
- 트레이닝 존과 달리기
- 나의 트레이닝 존 알아보기
- Zone 1: 웜업, 리커버리
- Zone 2: 가장 순수한 형태의 유산소 운동 구간
- Zone 3: 복합 구간 혹은 경주 페이스
- Zone 4: 무산소성 체력 향상, 속도 지구력 훈련
- Zone 5: 무산소성 체력 향상, 최대 파워 및 스피드 훈련

| 8 | **초보자를 위한 훈련법** ··· **140** | - 나무늘보처럼 달리기
- 시간 기준으로 달리기
- 두 가지 달리기 전략
- 부상 없이 5km를 달리기 위한 플랜 |

| 9 | **러닝 다이내믹스** ··· **150** | - 숫자가 언어로 다가오기까지
- 케이던스 vs 스트라이드
- 보폭
- 케이던스
- 지면 접촉 시간
- 수직 진폭
- 수직 비율 |

Part 4. 근력과 호흡 트레이닝

| 10 | **달리기를 위한 근력 운동** ··· **174** | - 달리기와 부상
- 부상의 대표적인 원인들
- 달리기에 필요한 근육
- 장요근: 러닝 후 고관절 앞쪽 근육이 아프다면
- 중둔근: 골반이 옆으로 빠지고 좌우 착지 균형이 맞지 않는다면
- 대퇴 사두근 및 발목 주변부 근육: 착지 충격을 견디는 능력을 키우고 싶다면
- 둔근과 햄스트링: 앞허벅지와 종아리로만 달리고 있다면 |

| 11 | 진짜 숨쉬기를 시작하는 법 ··· 199 | - 가짜 숨쉬기에 갇힌 현대인
- 코 호흡: 천천히, 깊이, 효율적으로 들이쉬고 내쉬기
- 호흡 경로에는 저항이 필요하다 |
|---|---|---|
| 12 | 호흡 능력 테스트하고 훈련하기 ··· 216 | - 호흡 능력 테스트
- 호흡 훈련
- 적게 숨쉬는 것이 잘 숨쉬는 것이다
- 숨 참고 달리기 훈련 |

Part 5. 러너 정신

| 13 | 나를 믿는 힘 ··· 236 | - 나와 단둘이 있는 시간
- 달리기의 자유
- 용기 내어 휴식하기
- 일상을 잘 달리는 법 |
|---|---|---|

Part 1

달리기와 호흡

1 숨을 위한 달리기

▎호흡이 나를 바꾼다

달리기는 체중을 줄여주고, 혈당을 낮춰주며, 폐활량을 키우고, 심혈관 질환 위험을 낮춰준다. 이처럼 달리기가 주는 건강상의 이점은 끝없이 나열할 수 있다.

그러나 달리기의 장점에 대한 단순한 병렬식 설명은 그 누구에게도 진심으로 소구되기 어렵다. 이지적理智的인 관점에서 달리기가 좋은 것임은 명징하지만, 건강이 일부 개선된다고 한들 결국 '나'의 본질은 바뀌지 않으리라는 불신이 깔려 있기 때문이다. 그래서 나는 달리기는 나의 겉과 속을 바꾸어주는 가장 효과적인 수단 중 하나임을 이야기하고자 한다. 그 과학적인 논거로 호흡의 변화를 들고자 달리기에 대한 책을 호흡에 관한 논의로 열게 된 것이다.

호흡은 단지 숨을 몸에 넣고 내보내는 행위에 국한되지 않는다. 쉽게 행복감을 느끼는 사람과 깊은 우울과 불안 속에서 살아가는 사람은 어쩌면 다른 종족처럼 느껴지곤 한다. 유독 남들보다 예민하거나, 화를 잘 내거나, 불안도가 높은 사람은 원인을 찾으며 혼란스러워하다가 자신의 성격적 혹은 도덕적 결함, 의지 부족, 수양 부족이라는 결론을 내곤 한다. '나는 어릴 적 애착 형성이 잘못되어 불안한 성격이야.' '나는 서른 넘도록 화가 조절이 안돼.' '끈기가 없어.' '발표만 하면 덜덜 떠는 겁쟁이야.' '그게 내 컴플렉스고 평생 안고 가야 할 짐이야.'

만족스럽지 않은 성격적 특성들이 애석하게도 참이든, 작은 결함을 확대 해석했든 간에 한 번쯤은 단점을 개선하겠다는 결심을 한 적이 있을 것이다. 그 노력은 얼마 안 가 수포로 돌아가고, 이에 자책과 수치심을 느끼게 된다. 그런데 불안과 긴장이 애당초 결심, 의지, 노력으로만 조절하기 어려운 것이라면 어떨까? 그리고 그것을 호흡으로 어느 정도 조절하고 통제할 수 있다면?

▎호흡으로 정신을 조절하다

　우리 몸이라는 유기체에서 일어나는 수많은 반응은 거의 모두 자동 조절된다. 밥을 먹으면 몸이 알아서 소화시키고, 피곤해지면 잠을 자라고 신호를 보낸다. 손톱과 머리카락은 우리가 의식하지 않아도 잘도 자란다. 몸이 알아서 처리해 주니 고마운 일이지만, 다르게 말하면 우리가 이 과정에 직접 개입할 수 없다는 뜻이기도 하다. 몸에서 일어나는 대소사들은 대부분 의지로 조절하기 어렵다.

　하지만 호흡만큼은 예외다. 숨은 아주 독특한 특성을 지닌다. 의식하지 않아도 자동으로 쉬지만, 마음만 먹으면 멈출 수도 있다. 위장에게 '1분만 소화 멈춰줘'라고 해봤자 위장이 소원을 들어줄 리는 만무하다. 그런데, 호흡은 원하면 즉시 멈출 수 있다. 물론 얼마나 오래 멈출 수 있는지는 사람마다 다르겠지만, 의지의 개입이 가능한 생리 반응이라는 점에서 특별하다.

　우리는 숨을 빠르게 쉴 수도 있고, 느리게 쉴 수도 있다. 얕은 호흡을 하거나 깊은 숨을 들이쉴 수도 있다. 이렇듯 호흡은 자동과 수동, 불수의

적 조절과 수의적 조절이 결합된 거의 유일무이한 생리 시스템이다. 몸이라는 시스템에 의식적으로 개입할 수 있는 드문 통로가 '숨'인 것이다.

우리 몸은 늘 두 가지 자율 신경 상태 사이에서 진자 운동한다. 하나는 교감 신경sympathetic nerve, 다른 하나는 부교감 신경parasympathetic nerve이다. 이름과는 달리 누군가와 교감하거나 공감하는 것과는 전혀 관련이 없다. 교감 신경은 찬물 샤워를 할 때나 사자를 마주쳤을 때, 격렬한 운동을 앞두고 있을 때처럼 신체가 위협을 감지하거나 긴장해야 하는 상황에서 활성화된다. 참고로 교감 신경과 부교감 신경은 서로 다른 작용을 하지만 설명의 편의를 위해 단순화하여 서술하고 있으며, 반드시 하나가 꺼져야 다른 하나가 작동하는 것은 아니다. 즉 두 신경계가 항상 상호 작용하며 우리 몸의 상태를 조절하고 있다.[1]

한번 상상해 보자. 사자를 마주친 순간 갑자기 땀이 솟고, 심장은 격하게 뛰기 시작하며, 숨은 가빠지고, 혈관은 수축해 혈압이 상승한다. 아드레날린 계열의 호르몬이 분비되며 흥분감은 정점으로 치솟고, 감정은 순식간에 긴장, 불안, 두려움으로 채워진다. 현대 사회에서 사자를 마주치는 일과 같이 생존을 다툴 만큼 큰 스트레스를 받을 일은 없겠지만, 오히려 자잘한 스트레스의 빈도는 늘어났다. 상사가 보낸

---

[1] 어떤 신경계가 작동하고 있는지를 정확히 구분하는 것은 매우 어렵다. 예를 들어 어떤 사람의 심박수가 증가했다면 무서워서 교감 신경계가 활성화됐기 때문일 수도 있고, 부교감 신경계의 활성이 줄었기 때문일 수도 있으며, 두 시스템이 동시에 작동하고 있기 때문일 수도 있다. 게다가 이들 시스템은 특정 장기에서만 반응을 일으킬 수도 있다. 심박수는 정상인데(부교감 신경계의 작용) 땀이 나는 경우(교감 신경계의 작용)처럼 말이다. (참고: Michelle Yarwood, 『Psychology of Human Emotion』, Affordable Course Transformation, Pennsylvania State University, 2022.)

이메일, 소셜 미디어가 부추기는 비교 등. 현대인들은 교감 신경이 필요 이상으로 만성적으로 활성화되어 있어 '투쟁 도피fight or flight'의 긴장 속에 놓이기 쉽다.

반대로 부교감 신경은 식사를 마친 뒤나 포근한 침대에 몸을 뉘었을 때처럼 안전하고 안정된 상태일 때 작동한다. 심장은 느긋하게 뛰고 호흡은 자연스럽게 느려지며 소화 기관은 다시 일하기 시작한다. 몸이 회복하고 재정비하는 모드로 들어가는 것이다. 이때 감정 상태는 편안하고, 어쩌면 권태롭기까지 할 수도 있다.

일반적으로 이상적인 경우는 평소에는 편안하나 특별 사건이 발생했을 때에는 몸이 반응하며 적당한 긴장과 불안을 유발하면서도 침착하게 대응할 수 있는 '깨어있지만 편안한alert and calm' 상태다. 즉, 상황에 따라 교감 신경과 부교감 신경이 적절히 상호 작용해야 한다.

교감 신경과 부교감 신경

우리 몸의 신경계는 외부 환경과 내부 환경의 끝없는 상호 작용을 바탕으로 활성화된다. 그래서 찬물 샤워(스트레스)나 식사(편안함, 휴식)와 같은 신체 외적인 사유들로 각 신경계의 스위치가 켜질 수도 있지만, 몸에서부터 신경계 반응을 유발하는 보텀업bottom-up 방식도 가능하다. 다만 앞서 살펴보았듯이 소화나 혈압, 땀이나 호르몬 분비 수준을 원하는 방식으로 조작하기란 상당히 어렵다. 그러나 호흡은 조절할

1 숨을 위한 달리기

항목	교감 신경 활성화	부교감 신경 활성화
상황	찬물 샤워, 사자를 마주쳤을 때, 격렬한 운동 등 스트레스 상황	식사 후, 따뜻한 목욕 후와 같은 안정된, 편안한 상황
목적	투쟁 또는 도피(fight or flight)	회복과 안정(rest and digest)
심박수	증가	감소
호흡	빨라지고 얕아짐	느려지고 깊어짐
혈관/혈압	수축/상승	이완/하강
소화 기능	억제	촉진
근육 긴장	증가	감소
시야	좁고 선명한 중심 시야(터널 비전)	주변 시야 확장
땀/체온	증가	감소 또는 안정
분비 호르몬	아드레날린, 코르티솔	아세틸콜린

수 있는 변인이며, 호흡을 통해 다분히 의도적으로 부교감 신경 또는 교감 신경 반응을 유도할 수 있다.

  이렇듯 호흡을 자유롭게 다룰 줄 안다는 것은 단순히 숨을 잘 쉬는 것을 넘어 몸과 신경계의 반응을 의도적으로 조절할 수 있다는 의미다. 원하는 순간 몸을 긴장시키거나 이완시킬 수 있고, 나아가 감정 상태까지 조절할 수 있다. 그렇기에 호흡을 마음대로 쓸 줄 안다는 것은 단순히 숨을 잘 쉬게 되는 데서 그치지 않는다. 이는 내 몸에 대한 주도권을 되찾아오는 일이다.

  순간순간 몸의 상태를 조절할 수도 있지만, 호흡이 만성적으로 넓어지고 편안해지면 지속적인 나의 상태, 즉 성격까지 바꿀 수 있다는 점도 매력적이다.

타고나기를 폐활량이 작고, 만성적으로 호흡이 짧으며, 주요 호흡근을 잘 사용하지 못하고, 심장도 약하고, 근육도 뻣뻣하고 흉추 가동 범위가 안 좋은 사람은 구조적으로 매 순간 숨을 짧게 쉬며 몸 전체의 긴장을 유발하는 교감 신경을 생리적으로 활성화시킨다. 그런 물리적 특성이 불안과 긴장도가 높은 성격이라는 무형의 특성을 유도했을 수 있다. 반대로 누군가는 생리적으로 부교감 신경이 활성화되기 좋은 신체적, 생리적 조건을 타고났을 수 있다. 즉, 강한 심장, 폐, 주요 호흡근(횡격막, 늑간근 등), 편안하고 바른 자세와 같은 조건들을 갖추어서 숨을 편안하게 쉬고, 긴장이나 불안도가 낮은 태평한 성격일 수도 있는 것이다.

너무 쉽게 불안해하고 긴장하는 사람에게는 신체적, 생리적 조건을 바꾸어 성격을 개선할 수 있다는 점이 상당한 위안이 된다. 호흡은, 그리고 호흡 능력을 향상시켜 주는 달리기는 본질적으로 정신적, 육체적 체질을 개선해 준다.

달리기는 숨을 넓게 빚어준다

달리기가 구체적으로 어떤 도움을 주는지 이야기하려면, 먼저 심폐 기관에 어떤 영향을 미치는지를 짚고 넘어갈 필요가 있다. 물론 그 과정을 통해 여러 생리 지표들이 개선된다는 사실은 이미 잘 알려져 있다. 그래서 이 책에서는 각 지표를 낱낱이 분석하기보다는 그러한 변화들이 결국 내 몸과 마음에 어떤 평온을 가져오는지 이야기하고자 한다.

스포츠 심장

작년에 건강 검진을 하면서 자랑거리가 하나 생겼다. 안정 시 심박수 52. 물론 나이나 성별에 따라 다르지만, 안정 시 심박수의 정상 범위는 분당 60~80회로 여겨진다. 사실 건강 검진에서 제시하는 대부분의 정상 범위는 최적 범위와는 다르다고 생각하는 나로서는 정상 범위는 만족할 수 없는 수치다. 어떤 심박수가 가장 이상적이냐에 대해서는 의사마다 의견이 다르다.『질병 해방』의 저자 피터 아티아Peter Attia는 무려 분당 30~40대의 심박수를 가장 이상적으로 간주한다. 과한 욕심을 부리는 게 아닐까 싶지만, 나 또한 올해 건강검진에서는 안정 시 심박수가 더 내려가기를 바라고 있다.

운동으로 심장이 단련되어 낮아진 안정 시 심박수는 심장이 분주하게 뛰지 않아도 될 만큼 강력하고 여유롭다는 뜻이다. 심장도 근육이다. 단련하면 힘이 세지고, 한 번의 수축으로 내보낼 수 있는 혈액량(일회박출량)이 늘어난다. 그러면 심장은 더 적은 심박수로도 온몸에 충분한 혈액을 보낼 수 있게 된다. 이러한 변화는 주로 근력 운동보다는 달리기, 수영처럼 심폐 지구력을 요구하는 유산소 운동에서 두드러진다.

꾸준한 유산소 운동은 좌심실의 크기와 두께를 증가시켜 적은 심박수로도 더 많은 혈액을 공급하게 만든다. 이렇게 구조적으로 적응한 심장을 스포츠 심장athlete's heart이라 부른다.

강인하고 완벽한 모습을 지향하지만 애석하게도 불안과 긴장이 높은 성격을 가진 나는 유산소 운동의 이런 점에 끌렸다. 혼자 고요 속에 있을 때 요란하게 두근거리지 않고 느린 박동으로 쿵… 쿵… 쿵… 뛰는 심장을 갖는 일 말이다. 심장 박동이 느리다는 건 우리의 몸과 정신을 안정화시키는 부교감 신경의 스위치가 켜진다는 뜻이다. 만성적으로 심박수가 낮아지게 해 불안과 긴장이 높은 성격도 스스로 바꿀 수 있다는 점이야말로 몸의 외형이 변화하는 근력 운동과는 완전히 다른 차원의 변화로 느껴졌다.[2]

심박 변이도 개선

심박 변이도Heart Rate Variability, HRV는 말 그대로 심장 박동 사이의 간격이 얼마나 다양하게 변하는지를 나타내는 지표다. 심장 박동이 일정하게 유지되는 것이 더 건강한 것처럼 느껴지지만, 실제로는 그 반대다. 박동 간의 들쭉날쭉함, 즉 높은 변이도는 신체가 외부 환경에 유연하게 반응하도록 자율 신경계의 조절 능력이 잘 작동하고 있다는 신호다.

이처럼 HRV는 단순한 심박 측정값이라기보다는 교감 신경과 부교감 신경의 균형 상태를 보여주는 생리학적 지표다. 특히 부교감 신경

---

[2] 근력 운동으로 얻어지는 심폐 지구력 증진 효과가 아예 없다는 말은 아니다.

1 숨을 위한 달리기

의 활성화 정도를 민감하게 반영하기 때문에 회복 능력을 판단하는 데 중요한 역할을 하는데, 일반적으로 HRV가 높다는 것은 신체가 스트레스나 자극에 노출되었을 때 빠르게 안정 상태로 돌아올 수 있는 회복력을 가지고 있다는 뜻이다.[3] 회복의 관점에서 HRV는 높을수록 유리하다.[4] 반대로 낮은 심박 변이도는 교감 신경의 과도한 활성, 만성 스트레스, 에너지 고갈, 자율 신경계 조절의 이상 상태를 나타낼 수 있다.[5]

심박 변이도는 부교감 신경 활성도의 지표가 되기에 우리의 감정 상태와도 밀접한 관련이 있다. 연구들은 우울, 불안, 분노, 만성 스트레스 같은 부정적 정서가 심박 변이도를 낮추며, 이는 곧 부교감 신경의 기능 저하로 이어진다는 것을 꾸준히 발견해 왔다.[6] 그래서 HRV를 개선하기 위한 방법이 운동뿐인 것은 아니다. 명상, 잠 푹 자기, 금주와 같이 스트레스를 줄이려는 노력들도 심박 변이도를 개선해 준다.

달리기와 같은 유산소 운동은 심박 변이도 향상에 뚜렷한 긍정적인 영향을 준다. 달리기를 하면 운동 중에는 교감 신경이 활성화되어 심박수가 올라가지만, 운동이 끝나고 회복 단계에 들어서면 부교감 신경

---

[3] Julian Thayer et al., 「A meta-analysis of heart rate variability and neuroimaging studies: implications for heart rate variability as a marker of stress and health」, 『Neuroscience & Biobehavioral Reviews』, 2012.

[4] HRV가 높은 것이 회복의 관점에서 항상 좋은 것은 아니라는 관점도 있다. 피트니스 워치 가민(Garmin)에서는 비정상적으로 높은 HRV 값과 오버트레이닝 사이에 밀접한 관계가 있다고 지적한다. 이러한 상황에서는 부교감 신경계가 항상성 회복이라는 목표를 달성하기 위해 과도하게 작동한다.

[5] Fred Shaffer et al., 「A Healthy Heart Is Not a Metronome: An Integrative Review of the Heart's Anatomy and Heart Rate Variability」, 『Frontiers in Psychology』, 2014.

[6] Julian Thayer et al., 「The Relationship of Autonomic Imbalance, Heart Rate Variability and Cardiovascular Disease Risk Factors」, 『International Journal of Cardiology』, 2010.

이 급격히 활성화된다. 유산소 운동을 하다 보면 운동 중에 심박수가 치솟았다가 휴식할 때 심박수가 자유 낙하하는 기분이 엄청난 대비를 이루며 편안한 기분이 드는 것을 자주 경험한다. 이 과정이 반복되면서 신경계는 스트레스와 회복 상황을 더 효과적으로 오가게 되고, 그 결과 심박 변이도가 향상된다. 연구에서도 꾸준히 유산소 운동을 하는 사람들은 그렇지 않은 사람들에 비해 심박 변이도 수치가 유의하게 높으며, 이는 심혈관 질환의 위험을 낮추고, 정신적 스트레스에 대한 저항성을 강화하며, 심리적 안정감을 높인다는 결론을 내고 있다. 유산소 훈련을 통해 만들어진 강한 심장은 최대 부하를 받다가 빠르게 회복한다.[7] 즉 심장의 회복탄력성이 좋아지는 것이다.[8]

달리기는 단순히 심장을 튼튼하게 만들고 폐활량을 늘리는 것을 넘어, 심장과 신경계가 더 유연하고 회복력 있는 시스템으로 적응하도록 돕는 훈련이다. 달리기를 꾸준히 이어가는 것만으로도 보이지 않는 회복력과 생리적 적응력까지 키울 수 있다.

한편 규칙적으로 훈련하는 사람의 HRV가 지속적으로 감소하는 경우 오버트레이닝의 신호일 수도 있다. HRV가 낮다는 것은 제대로 회복

---

[7] 일반인이 안정 시 심박으로 회복하는 데에는 평균 3분이 걸리는데, 올림픽 수영 금메달리스트 박태환 선수의 경우 안정 시 심박으로 이행하기까지 2분 정도 걸린다고 한다. (참고: 이해나, 「선수들의 '스포츠 심장'… 일반 심장과 어떻게 다를까?」, 『헬스조선』, 2018. 12. 10.)

[8] James Carter et al., 「The Effect of Endurance Exercise on Autonomic and Baroreceptor Control of Heart Rate」, 『European Journal of Applied Physiology』, 2003.
Mikko Tulppo et al., 「Effects of Aerobic Training on Heart Rate Dynamics in Sedentary Subjects」, 『Journal of Applied Physiology』, 2003.
Faye Routledge et al., 「Improvements in Heart Rate Variability with Exercise Therapy」, 『Canadian Journal of Cardiology』, 2010.

1 숨을 위한 달리기

하지 못해 고강도 운동을 할 준비가 안 되었다는 뜻이기도 하다. 심박 변이도는 절대적인 수치로 좋고 나쁨을 판단하는 것이 아니라, 개인의 평소 평균 심박 간 간격interbeat interval, IBI을 기준으로 현재 상태가 얼마나 변동되었는지 확인하는 상대적인 지표다. 타인과 비교하기보다 나의 평소 기준에서 얼마나 변동성을 보이는지가 중요하다는 뜻이다.

가민Garmin 피트니스 워치는 심박 변이도 값을 추적하며 어떤 날에는 '바디 배터리'[9]가 낮다며 휴식을 권한다. 배터리 수명만 장점인 줄 알았는데, 훈련 강도와 방식까지 제안해 주는 걸 보고 마치 트레이닝 코치를 손목에 차고 다니는 듯한 기분이 들었다. 바디 배터리가 심박수, 심박 변이도, 움직임, 수면 데이터를 종합적으로 분석해 도출되는 값인 것을 알고 나서는 유용하게 참고하고 있다.

종합하자면 심박 변이도는 '몸과 마음이 스트레스로부터 잘 회복하고 있는가?'라는 질문에 대한 생리학적 답변이다. 회복 탄력성은 심장에서 비롯되기도 한다. 꾸준한 유산소 운동은 심박 변이도를 높이는 데 도움을 주며, 이는 곧 정서적 유연성과 회복력을 떠받치는 생리적 조건을 향상시킨다.

---

[9] 0부터 100까지의 척도로 생리적 스트레스를 지속적으로 측정하는 가민 워치의 기능. 스트레스 수준이 25 미만이면 휴식으로 분류된다. 휴식은 자율 신경계의 부교감 신경이 우세한 상태. 스트레스 수준이 25 를 초과하면 자율 신경계의 교감 신경이 우세한 상태이며, 스트레스가 클수록 우세한 정도가 증가한다.

최대 산소 섭취량

근력 운동만 하고 유산소 운동은 거의 배제하다시피 하는 사람은 멋진 외양에 비해 실망스러운 체력 수준을 갖고 있을 것이다. 여기서 이야기하는 체력은 최대 산소 섭취량VO₂max이다. 사람마다 체력을 다르게 정의할 수도 있지만, 의료 전문가들이 바라보는 체력은 최대 산소 섭취량을 바탕으로 측정되곤 한다.

최대 산소 섭취량이란 몸이 한계에 가까운 강도의 운동을 할 때 1분 동안 사용할 수 있는 산소의 최대량을 의미한다. 보통 체중 1kg당 1분간 섭취 가능한 산소량ml/kg/min으로 표시된다. 이 수치는 우리 몸이 산소를 얼마나 잘 흡수하고, 운반하고, 활용하는지를 보여준다. 그리고 이 최대 산소 섭취량은 에너지를 만들어내는 대사 과정에서 산소를 동원하지 않는 무산소 운동, 즉 근력 운동으로 높이는 데에는 뚜렷한 한계가 있다.

체력의 본질을 이해하려면 '유산소(호기성 대사)'와 '무산소(혐기성 대사)'의 차이를 알아야 한다. 우리 몸은 포도당, 지방산, 아미노산 같은 큰 영양소를 쪼개서 우리 몸이 사용가능한 에너지 화폐 단위인 아데노신 삼인산adenosine triphosphate, ATP[10]으로 환전해야만 에너지를 활용할 수 있다. 이해하기 쉬운 설명을 위해 단순화하자면, 유산소 대사는 쉽게 말해 산소를 이용해 탄수화물과 지방을 분해하는 과정이다.[11] 이 방

---

[10] 세포 내에서 에너지를 전달하는 분자 단위로, 근육 수축이나 신경 신호 전달 등 다양한 생명 활동에 필요한 에너지를 공급한다. 아데닌, 리보스, 세 개의 인산기로 이루어진 유기 화합물로, 인산기 간의 결합에 저장된 에너지를 사용한다.

1 숨을 위한 달리기

식은 에너지를 천천히 내지만, 안정적으로 오래 운동을 지속할 수 있게 해준다. 산소를 풍부하게 동원하며 에너지를 공급하는 운동은 조깅, 사이클, 하이킹처럼 비교적 낮은 강도로 오래 지속하는 종목이다.

반면 무산소 운동과 같이 격한 운동, 짧고 강도 높은 움직임에서는 몸이 에너지를 급하게 써야 하므로 산소를 충분히 동원할 시간 없이 에너지를 만들어내야 한다. 이미 비축되어 있는 에너지 화폐인 ATP를 직접 쓰는 ATP-PC 시스템이나 포도당을 빠르게 분해하는 해당과정$_{glycolysis}$[12] 등 산소를 사용하지 않는 무산소 대사 경로를 활용한다. 이 과정은 즉각적인 힘을 내는 데 유리하지만 비축고 자체가 많지 않기에 금방 피로가 찾아오고 지속 시간이 짧다. 단거리 전력 질주, 고중량 웨이트 트레이닝 등이 이에 속한다. 물론 인체의 에너지 대사는 이처럼 단순히 '산소가 있느냐 없느냐'로 무 자르듯 나뉘지 않는다. 모든 에너지 대사는 기본적으로 산소가 필요한 호기성 조건에서 일어나며, 강도 높은 운동 시에는 유산소 대사 과정에 속하는 TCA회로와 전자 전달계 또한 최대한으로 돌아간다고 한다.[13]

산소를 사용하는 능력을 나타내는 최대 산소 섭취량은 결국 산소를 대사하며 에너지 화폐를 만들어내는 유산소 운동을 통해 유의미하게 향상된다. 최대 산소 섭취량이 높다는 것은 더 많은 산소를 들이마시

---

[11] 유산소 대사의 상세한 과정은 7장에서 다룬다.
[12] 세포 내 세포질에서 일어나는 대사 경로로, 포도당이 10단계의 효소 반응을 거쳐 최종 산물인 피루브산으로 분해되는 과정이다. 산소가 없으면 혐기성 해당과정, 산소가 충분하면 호기성 해당과정으로 나뉜다. 7장에서 보다 상세히 다룬다.
[13] 이태호, 「산소 소비 많은 마라톤이 무산소 운동인 이유」, 『중앙일보』, 2019. 5. 28.

고, 효과적으로 운반하고, 에너지로 전환해 낼 능력이 있다는 뜻이다. 산소를 다루는 이 능력이야말로 체력의 중요한 기반이며, 일상적인 피로도나 회복력, 장거리 활동의 지속 가능성을 좌우한다. 달리기를 반복하면 폐는 점점 더 많은 산소를 들이마시게 되고, 심장은 더 강하게 수축하여 더 많은 혈액을 더 멀리까지 보낼 수 있으며, 근육은 산소를 받아들이고 활용하는 능력을 향상시킨다. 이 일련의 변화가 맞물려 산소를 더 많이, 더 빠르게, 더 효율적으로 쓰는 몸으로 바뀌어 간다.

최대 산소 섭취량은 건강 전반을 반영하는 핵심 수치이기도 하다. 이 수치가 낮을수록 심혈관 질환, 당뇨, 고혈압, 조기 사망의 위험이 높고, 반대로 높을수록 회복력, 대사 효율, 심폐 기능 등이 뛰어나며 사망률all-cause mortality을 낮춰주는 것으로 나타난다.

진짜 체력을 위해서는 유산소 운동을 결코 피해갈 수 없다.

1 숨을 위한 달리기

Part 2

올바른 달리기 자세

2 기울기: 달리기 자세의 핵심

좋은 달리기는 부상 없는 달리기다

서촌 한구석에서 내려와 세월의 힘으로밖에 설명할 수 없는 키 큰 가로수가 늘어선 경복궁 돌담을 따라 출근을 한다. 이런 호사스러운 산책에는 사계절의 변화가 함께한다. 겨울이면 가로수들은 앙상하게 가지를 드러내고, 풍성함이 사라진 자리엔 생명의 부재가 더 뚜렷이 느껴진다. 그래서 더더욱 겨울이 어서 끝나기를 기다린다.

봄이 오면 달리기의 계절이 시작되어 다음 겨울이 올 때까지 지속된다. 달리기가 당뇨와 고혈압을 개선하고, 우울증을 나아지게 하며, 회복탄력성에도 기여하고, 사회적 교류의 장이 된다는 사실이 알려지면서부터는 연령대를 막론하고 달리는 사람들이 늘었다. 요새는 중년 여성, 중고등학교 학생들이 뛰는 모습도 심심찮게 볼 수 있다. 만성적으로 과로와 스트레스에 시달리는 대한민국 국민들이 러닝에 몰입하는 건 정말 반길 만한 일이다.

그러나 운동인 사이에서는 어떤 운동이 유행하고 2~3년 뒤에는 정형외과 붐이 온다는 말이 농담처럼 전해진다. 이유는 단순하다. 틀어진 체형을 가지고, 근력과 유연성이 부족한 상태에서 바르지 않은 자세로 운동하기 때문이다. 처음엔 괜찮을지 몰라도 누적된 부담이 몸에 이상 신호로 나타나는 것은 시간문제다.

부상의 원인 중 이 책에서는 달리기 자세를 상세히 다루고자 한다. 체형 교정이나 근력, 유연성 관련 과제는 전작 『운동 독립』에서 다룬 바 있으니 관심이 있다면 참고하기를 바란다.

┃ 달리기 자세를 배우는 마음가짐

결국 나는 유려하게 달릴 것이다

내가 느끼기에 달리기와 가장 비슷한 운동은 수영이다. 두 운동 모두 힘을 주는 것보다 빼는 게 힘들기 때문이다. 물 속에서 애를 쓰면 더욱 무겁게 가라앉는 것과 마찬가지로, 달리기를 너무 정형화된 운동 자세처럼 취급하며 리듬과 흐름을 잊으면 소위 말하는 '힘 달리기'가 되기 쉽다. 특히 달리기를 처음 시작하는 사람들은 '내가 잘 달리고 있나?' 싶은 자기 의심과 불안 등으로 몸에 불필요한 긴장을 주고 달릴 확률이 높다. 힘을 빼고 리드미컬하게 앞으로 나아갈수록 좋은 달리기에 가까워진다. 물론 처음부터 이렇게 달리기는 어렵다. 대부분은 '힘 달리기'에서 시작해 자세를 익히는 과정을 거치고, 다시 과하게 경직된 태도를 탈학습unlearn하며 유려함을 얻는다.

모든 자세는 서로 영향을 주고받는다

온라인에서 만난 사람들과 동네 달리기 모임을 한 적이 있었다. 그 중 헬스장에서 자주 마주치던 분도 있었는데, 서브3[14] 주자인 것을 처음 알게 되었다. 그분에게 내적 친밀감이 있던 나는 "정말 잘 달리시네요"라 칭찬을 건넸는데 그는 답으로 내 자세를 관찰하며 귀한 조언을 주었다. "달리기는 원래 팔로 하는거에요, 팔을 더 써요." 다리는 필의

---

[14] 마라톤(42.195km)을 3시간 이내에 완주하는 것. 러너 사이에서는 고수의 기준으로 통한다.

영향을 받기에 다리를 컨트롤하는 데 팔의 역할이 크다는 의미다. 팔을 빠르게 움직이면 다리도 빨라지고, 팔을 크게 움직이면 다리의 보폭도 커지며, 그 반대도 마찬가지다. 우리 몸의 모든 자세는 서로 영향을 주고받는다. 달리기 자세를 배울 때에는 팔, 다리, 몸통, 골반, 착지 등 자세를 세분화하여 학습하지만 결국엔 큰 그림에서 유기적으로 연관지어 생각해야 한다.

옳은 달리기 자세는 없다

갑자기 이게 무슨 해체주의적인 발언인가 싶겠지만, 개인의 체형(키, 몸무게, 팔다리, 비율 등), 달리기 스타일, 속도, 지형에 따라 다양한 '옳은' 달리기 자세가 있을 수 있다. 특히 잘 달리는 사람과 초보자의 달리기 자세는 다를 수 있다는 점을 이해해야 한다. 당연히 좋은 달리기 자세에 대해 일반적으로 받아들여지는 지침은 있지만, 달리기 자세에 대한 연구는 계속 진행 중이므로 결국 다양한 자세로 시도하며 내 몸의 신호를 듣고, 개별적인 요구와 목표에 귀를 기울이는 것이 중요하다.

코끼리를 생각해야 할 때와 생각하지 말아야 할 때

어떤 자세를 배울 때 대체로 올바른 동작의 범위는 매우 좁다. 목적이 있는 운동에는 '이렇게 하지 마세요'라는 지시가 잔뜩 있기 마련이다. 반면 '이렇게 해야 바른 자세입니다'라는 지시의 범위는 매우 좁다. 그렇기 때문에 스스로 자세를 엄정하게 관찰하면서 하지 말아야 할 것을 계속 되뇌는 건 인지적 지뢰밭을 걷는 것과 같다. 자세에 대한 집착은 달리기에 대한 흥미를 떨어뜨릴 수 있다. 자세에 중점을 두는 훈련을 할 때는 집중해서 자세를 살펴보지만, 그렇지 않을 때는 단지 즐기기 위해 달리기도 해야 한다.

달리기는 전진 운동이다

운동 선생님으로서 다른 장르의 운동을 배우는 학생이 되는 것의 장점은 머리로는 동작의 이해도가 빠르다는 것이다. 몸에 적용하기까지는 여느 학생과 다르지 않게 시간이 조금 걸린다. 몇 년 전 수영을 열심히 배울 때는 선생님이 가르쳐주는 영법을 나만의 언어로 해석해서 더 빠르게 알아들을 수 있었고, 수영 교본도 하나 구입해서 자세를 연구해 갔다.

분명 동작과 리듬은 머리가 명령하는 대로 되고 있었다. '팔을 접어서 흉추 열고! 물잡기 할 때는 광배로 더 누르고!' 그러나 몸은 애쓰고 있는데도 도저히 유려하게 나아가지지가 않았다. 한 바퀴를 돌고 온 나에게 선생님이 해준 조언은 "앞으로 나가려는 의도를 가져야 앞으로 나가죠"였다. 기계적으로 근육과 관절을 어떻게 움직일지만 생각하고, 몸을 앞으로 밀어내겠다는 의도가 없으니 제자리에서 자세만 반복하는 것처럼 보이는 '힘 수영'을 했던 것이다. 그 말 덕분에 나는 조금은 더 편안하게 물을 밀고 나아갈 수 있게 되었다. 아직도 그 깨달음의 순간을 잊지 못한다.

그리고 몇 년 뒤, 러닝 클럽에서 이 깨달음을 똑같이 얻게 되었다. 파틀렉[15] 훈련 도중 몸이 한계에 다다르는 것을 느꼈다. 다리에 피로가 쌓이고 심장 박동이 치솟을수록 정신력도 같이 도전을 받기 시작한다. '몰래 도망갈까?' '어제 괜히 하체 운동을 해서…….' '잠도 못 잤는데 이러다 부상 생기면 어떻게 해' 등등 핑계는 한가득이다. 선두 러닝 그룹은 달리는 말처럼 빠르게 나를 추월한다. 그 와중에 누군가 "골반 넣어! 밀어!"라는 짧고 굵직한 명령을 하고 가셨다. 그 권위에 나도 모르게 '넵' 하며 바로 반응했는데, 그때부터 많이 애쓰지 않고 앞으로 나아가는 느낌이 들기 시작해 강도 높은 훈련을 끝까지 해낼 수 있었다. 조언을 해주신 분은 알고보니 각종 마라톤 대회에서 이름을 날리고 있는 하금순 러너였다. 20년 이상의 달리기 경력을 갖고 있는, 여성으로서는 드문 서브3 주자다.

수영 선생님의 조언처럼 달리기에서도 몸을 앞으로 나아가게 하려는 의도가 얼마나 중요한지 체감한 날이었다. 앞으로 많은 달리기 자세를 구체적으로 소개하겠지만, 가장 중요한 건 앞으로 나아가겠다는 의도다. 의도를 가져야만 몸의 무게 중심이 앞으로 부드럽게 밀리는 느낌이 들 것이다. 이는 자세라기보다는 정신적인 지시 사항에 더 가깝지만, 가끔은 수많은 자세 지시보다 느낌을 이야기하는 것이 더 정확하게 전달될 때가 있다. 달리기를 위한 달리기가 아닌, 앞으로 나아가려는 의도를 가지고 공기를 가르는 느낌을 찾길 바란다.

---

[15] 속도를 비교적 자유롭게 바꾸며 고강도와 저강도를 반복하는 인터벌 훈련법.

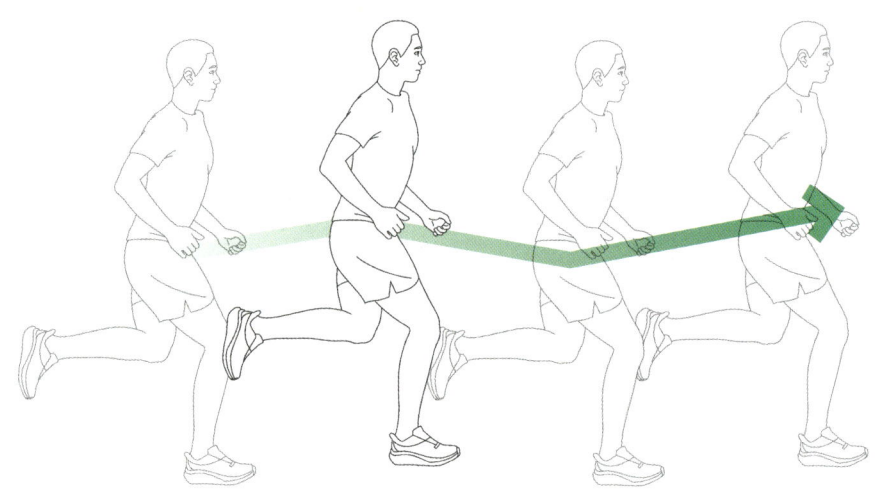

앞으로 나아가려는 의도가 없을 때는 수직적인 움직임이 우세해지며 에너지 누수(energy leak)가 일어나게 된다.

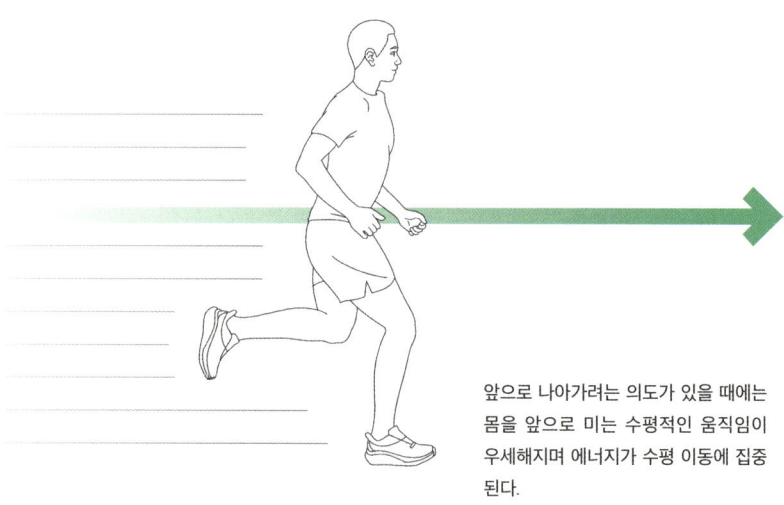

앞으로 나아가려는 의도가 있을 때에는 몸을 앞으로 미는 수평적인 움직임이 우세해지며 에너지가 수평 이동에 집중된다.

2 기울기: 달리기 자세의 핵심

| 앞으로 나아가기 위한 기울기

과장을 조금 보태면, 헬스인이 아는 유일한 몸의 기울기는 힙 힌지다. 힙 힌지는 고관절을 접어 상체의 기울기를 만드는 동작으로, 헬스를 많이 한 분들이 러닝을 처음 시작하면 골반을 과하게 접고 달리는 모습이 자주 보인다. 몇 회면 끝나는 웨이트 동작과는 달리 달리기는 3시간, 4시간도 지속하는 종목이다. 그 시간 내내 힙 힌지를 유지하고 코어를 잠그는 게 가능할까? 달리기할 때 허리가 아프다면 잘못된 기울기, 즉 힙 힌지를 사용하고 있지는 않은지, 과도한 골반 전방 경사 또는 요추 신전을 만들고 있지는 않은지 점검해 보아야 한다.

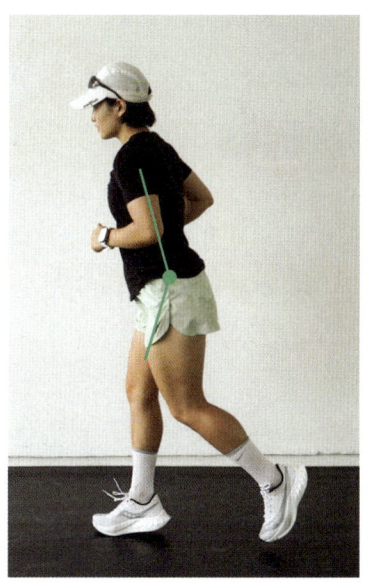

힙 힌지를 사용해 기울기를 만들고 달리는 잘못된 자세. 발목이 아닌 골반에서 기울기가 만들어지고 있다. 요추도 과하게 신전되어 있다.

달리기에서 말하는 기울기는 마이클 잭슨의 문워크와 유사하다. 즉, 발목의 각도를 통해 기울기를 만들어야 한다. 하지만 마이클 잭슨처럼 많이 기울이지는 않고, 그렇게 기울일 수도 없다. 일반적인 러닝 속도에서는 보통 몸이 2~5도 정도 기울게 된다.

옳은 기울기가 어느 정도인지에 관해서는 여전히 토론이 이

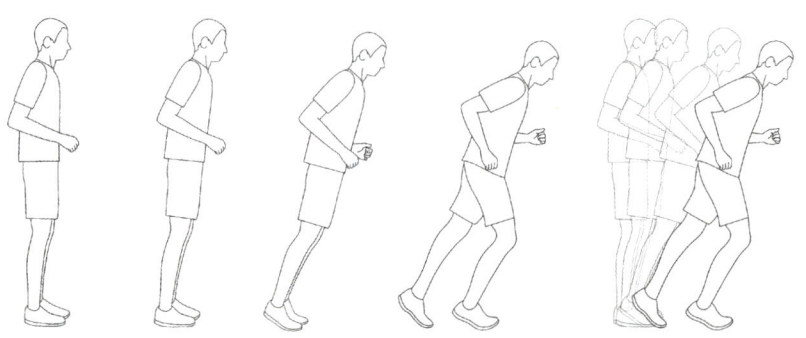

발목에서 기울기가 만들어지며 무게 중심이 앞으로 이동하는 원리.
실제 달리기 시 적절한 기울기는 그림의 두 번째 모습에 해당한다.

루어지고 있으며, 개인의 달리기 속도, 주법이나 체형, 그리고 그것을 종합한 개인의 무게 중심에 따라 적절한 기울기 각도가 달라질 수 있다. 그러나 확실한 건 기울기는 거거익선이 아니라는 점이다. 너무 많이 기울일 경우 오히려 몸에 브레이크가 걸리는 느낌이 들 수 있기 때문이다. 그래서 달리기 커뮤니티에서는 남들이 보기에 기울어 보이면 너무 많이 기운 것이라고도 조언한다. 일반적으로 편안한 달리기 수준에서는 아주 경미하게 거의 안 기울이듯 몸을 기울인다고 보면 된다. 평소에 달릴 때는 기울기라는 자세 가이드를 너무 강하게 인식하고 과하게 적용하지 않도록 주의해야 한다.

 달리기할 때 몸을 기울이는 이유는 결국 무게 중심을 효과적으로 수평 전진 이동시키기 위해서다. 앞으로 쏟아지는 몸무게는 중력의 영향을 더 강하게 받고, 그러면 더 편안하고 효율적으로 몸을 앞으로 이동시킬 수 있다. 또한 제대로 기울기를 주면 몸은 자연스럽게 스스로를 보호하고 불안정성을 이겨내기 위해 코어에 힘을 잡게 된다. 이렇게 몸통이 안정적인 상태가 된 후 그 코어 박스가 앞으로 밀린다고 연상해 보자. 반대로, 다리는 앞으로 나아가려 하는데 코어 박스가 뒤로 젖혀져 있으면 움직임에 브레이크를 걸며 달리는 것처럼 느껴질 수밖에 없다.

아직 러닝 초보이거나 단거리를 달릴 때에는 내 몸이 얼마나 무거운지 체감되지 않을 수 있다. 또, 근력만 충분하다면 기울기를 사용하지 않고도 목표한 거리를 달릴 수도 있겠다. 그러나 장거리를 달려 보면 '너무 힘들다. 중력이라도 이용해야 완주할 수 있겠다'는 생각이 들면서 기울기의 필요성을 절감하는 순간을 한 번쯤은 겪게 된다.

기울기가 달리기를 도와준다는 말을 하면, 통상 속도가 빠를수록 더 많은 도움이 필요하기에 속도에 비례해 몸을 더 많이 기울일 것이라 생각하지만, 꼭 그렇지만은 않다. 숙련된 단거리 러너가 출발선에서 가속한 후 최고 속도를 내고 유지할 때는 중심 이동이 너무 빠르다 보니 상체가 거의 수직이 되거나 심지어 더 뒤로 눕는 경우도 있다고 한다. 단거리 세계 최정상급 미국 선수인 셔캐리 리처드슨Sha'Carri

Richardson[16]이 파리 올림픽 400m 계주에서 결승선을 10m 남겨두고 최고 가속 상태로 질주하는 모습을 보면 상체를 세우고 있음을 확인할 수 있다. 같은 경기에서 독일, 영국 주자의 몸은 약간 기울어져 있다. 세계 최정상급 선수들도 각자 상체를 기울이는 정도가 다른 것 또한 흥미로운 지점이다.

기울기의 장점이 또 하나 있다면, 몸을 기울인 채로는 달리기의 대표적인 금기 사항인 '오버스트라이딩'[17], 즉 달릴 때 착지하는 발이 몸의 무게 중심보다 지나치게 앞에 위치해 정강이에 무리를 가하는 보법을 어느 정도 저지할 수 있다는 점이다. 그림의 오른쪽처럼, 몸을 바로 세웠을 때는 보폭을 무리하게 크게 가져가기가 비교적 쉽다.[18] 반면 앞으로 몸을 기울이면 자세 구조상 정강이를 멀리 뻗기가 어려워진다. 그래서 오버스트라이딩하는 러너들의 자세 교정 방법으로 기울기라는 처방이 주어지기도 한다. 무게 중심은 발의 착지를 설명하며 한번 더 언급하도록 하겠다.

---

16 셔캐리 리처드슨은 미국의 단거리 육상 선수로, 100m와 200m 종목에서 활약하는 세계 정상급 스프린터다. 2023년 세계 육상 선수권 대회 여자 100m에서 금메달을 획득하며 주목받았으며, 네일아트, 컬러 가발, 인조 속눈썹 등 화려한 외모와 강한 개성, 감정 표현으로도 잘 알려져 있다. 파리 올림픽 100m 종목에서는 은메달을 차지했고, 400m 계주에서는 마지막 주자로 나서 4위로 바통을 넘겨받은 뒤 모두를 제치고 결승선을 통과하며 팀에 금메달을 안겨주었다.

17 달릴 때 착지하는 발이 몸의 무게 중심보다 지나치게 앞에 위치하는 현상. 착지 충격을 증가시키고 추진력을 떨어뜨려 부상의 위험을 높이며, 에너지 효율도 저하시킬 수 있다. 보통 과도한 보폭이나 잘못된 착지 자세에서 비롯된다.

18 그래서 보폭을 최대한 크게 가져가야 하는 단거리 선수가 상체를 세우는 것에도 일리가 있다.

2 기울기: 달리기 자세의 핵심

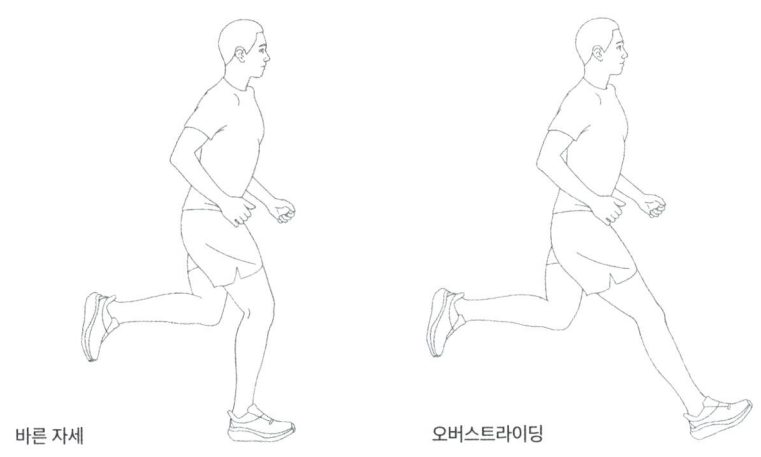

바른 자세　　　　　오버스트라이딩

| 시선과 목

달리기 시 시선은 전방 10~15m 앞을 바라보는 것이 정석으로 알려져 있다. 다만, 개인의 키에 따라 얼마나 멀리 볼지가 달라진다. 키가 클수록 멀리 시선이 꽂히고, 키가 작을수록 가까운 바닥을 보게 된다.

시선 처리는 머리와 목의 자세에 영향을 줌으로써 전신의 자세에 연쇄적인 영향을 끼칠 수 있다. 목을 앞으로 쭉 뺀 거북목 자세로 달리는 사람이 많은데, 거북목은 평소 누적된 자세 불균형에서 비롯된 보상 패턴이기도 하지만 횡격막을 충분히 쓰지 못해 숨을 더 잘 들이마시기 위해 만든 적응일 수도 있다. 이런 자세는 일시적으로 숨쉬기를 도와주는 것처럼 느껴질 수 있지만, 결국 호흡을 더 불편하고 비효율적으로 만든다.

3 팔치기: 나에게 맞는 움직임과 각도

팔로 다리를 조절하다

팔 움직임은 달리기 자세 중 비교적 스스로 인지하기 쉬운 편이다. 그렇다고 교정이 쉬운 것은 아니지만 말이다. 팔의 모양새는 눈으로 보이기도 하고, 하지보다는 움직임을 인지하기 쉽다. 앞서 살펴봤듯이 결국 팔 자세는 다리에도 영향을 미치므로 팔 자세나 리듬의 교정만으로도 전반적인 자세 개선 효과가 있다.

팔이 움직이는 속도는 다리의 속도에 영향을 주며, 휘두르는 정도는 보폭의 크기에 영향을 준다. 이를 달리기에 도움되는 언어로 해석하자면, 케이던스cadence[19]를 높이기 위해 훈련할 때에는 팔을 원하는 케이던스 수준으로 빠르게 치면 된다. 보폭을 줄이고 싶을 때는 팔의 움직임 범위를 작게 한다. 질주를 할 때는 발도 빨라야 하고 보폭도 커야 하니 팔 휘두르는 속도와 범위를 함께 키워준다.

반대로 팔치기가 잘못되면 하체의 움직임에도 큰 영향을 준다. 초보자에게 흔히 보이는 실수인데, 본인 속도와 근력에 비해 팔을 너무 공격적으로 앞으로 휘두르면서 발에서 과도한 보폭을 만들어 내는 것이다. 단거리 질주와 같이 속력을 상당히 높여야 하는 경우가 아니면 팔은 과하게 휘두를 필요 없이 간결하게 움직인다.

---

[19] 분당 발걸음 수. 통상 케이던스가 너무 낮으면 보폭이 크거나 수직으로 움직이는 범위(수직 변위)가 커 부상 위험이 높아진다.

| 지양해야 할 자세

 개개인의 팔과 어깨, 날개뼈 모양이나 자세 변형 양상이 조금씩 다르므로 완벽히 정의된 팔치기 방식의 정답은 없으나, 합의된 지양해야 할 자세는 있다.

 먼저, 몸의 중앙선(흉골)을 가로지르는 팔치기는 권장되지 않는다. 달리기는 본래 팔을 몸보다 뒤로 차며 추진력을 얻어야 하는데, 몸의 중앙선을 넘는 팔치기를 하면 팔을 앞으로 보내는 데에 불필요한 에너지를 소모하게 된다. 몸통의 중앙선을 넘을 만큼 팔을 휘두르면 몸통의 회전 방향과 골반의 회전 방향이 비틀리는 반회전counterrotation이 과장될 수 있다. 어깨 충돌 증후군과 같은 불편함이 있는 경우에도 반복적으로 어깨 앞쪽이 좁아지는 동작은 어깨의 불편감을 높일 수 있으므로 유의해야 한다.

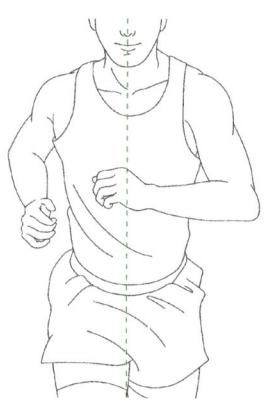

몸의 중앙선을 가로지르는 팔치기

 그래서 달릴 때 팔을 몸 앞쪽으로 교차시키지 말라는 흔한 조언은 일리가 있는 편이다. 그렇다고 해서 손이 몸의 정중앙을 살짝 넘는다고 바로 큰 문제가 생기는 건 아니니 너무 겁먹을 필요는 없다.

 둘째, 11자로 팔을 치지 않아야 한다. 달리기 시 목이나 승모,

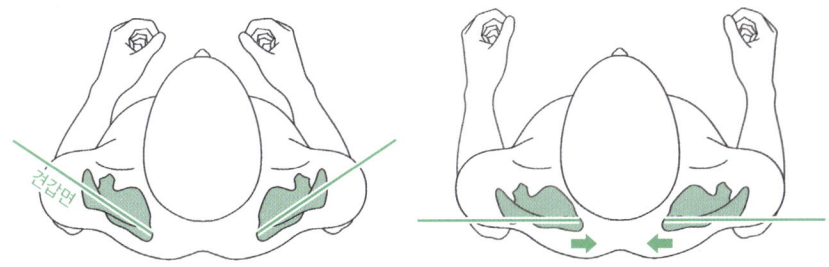

날개뼈의 자연스러운 각도(왼쪽). 흉추의 자연만곡과 날개뼈의 각도 때문에 상부등은 자연스레 둥근 모양새를 띈다. 팔을 11자로 치면(오른쪽) 날개뼈가 자연스러운 각도를 벗어나 뒤로 모이게 된다.

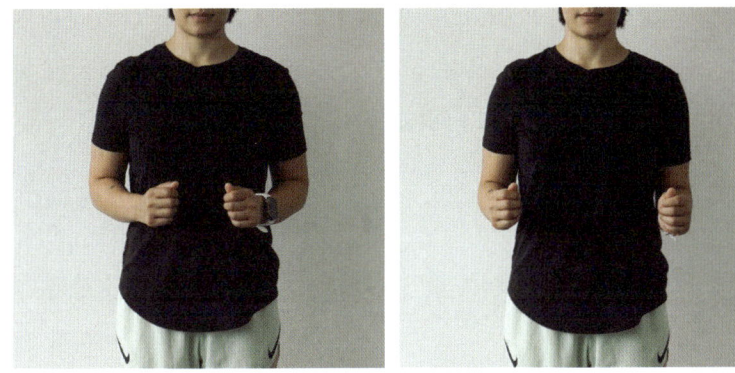

올바른 팔치기(왼쪽)와 11자 팔치기(오른쪽)

어깨 부위가 불편한 흔한 이유는 11자 팔치기다. 정수리 위에서 봤을 때 사람의 날개뼈는 안으로 등을 감싸는 넓은 V자 각도를 가지고 있다. 이를 견갑면scapular plane이라 한다. 그런데 팔을 11자로 설정하면 날개뼈가 뒤로 모아지며(후인) 등이 판판해진다. 특히 날개뼈 사이 근육인 능형근에 힘이 들어가고, 목과 가슴, 어깨 주변부에서 불편한 저항감이 생긴다. 이 상태에서 팔을 뒤로 치기까지 하면 불편한 자극을 느낄 가능성이 높다. 특히 가슴 근육이나 어깨 앞쪽 근육, 상부 승모근이 짧고 경직된 사람은 불편감의 정도가 더욱 크다. 팔이 전체적으로 얼마나 몸통쪽으로 회전해서 붙어야 하는가에 대한 답은 개인의 몸에 따라 달라지지만, 11자로 팔을 치는 것은 지양해야 한다.

참고로, 이러한 주의사항을 고려한 팔치기를 하더라도 어깨는 계속 불편할 수 있다. 달리기의 팔치기가 생각보다 큰 어깨 신전 및 내회전, 이에 더해 흉추 가동 범위까지 필요로 하기 때문이다. 또한 날개뼈에서 자연스러운 전방, 후방 경사 가동 범위가 나오지 않는다면 애당초 팔을 뒤로 보내는 것이 어려울 수 있다. 그래서 팔치기를 잘하려면 결국 상완골과 견갑골의 가동 범위가 모두 좋아야 한다. 어깨 신전 및 굴곡, 날개뼈의 전방 및 후방 경사 가동 범위를 기본적으로 갖추어야 함을 기억하고 궁극적으로는 이를 개선하기 위해 노력해야 한다.

마지막으로 트레이너이자 달리기 수업을 운영하는 사람으로서 의견을 더하자면, 나의 원래 몸 상태를 고려하지 않은 모든 자세 교정에는 신중해야 한다. 팔치기에서는 사람마다 흉추 말림 수준, 날개뼈의 경사도나 움직임의 자유도가 다르다. 그래서

팔을 뒤로 보낼 때 어깨 신전과 날개뼈 전방 경사가 일어난다.

스스로 정말 편하다고 느끼는 팔 각도와 움직임 범위를 찾는 것이 중요하다. 예를 들어 말린 등일수록 팔을 더 몸쪽에 붙이는 것이(머리 위에서 보았을 때 팔자 모양에 가깝게) 더 편하고, 판판한 등일수록 팔을 몸 바깥쪽으로 약간 더 회전시키는 것이(11자 모양에 가깝게) 편할 수 있다.

또, 어깨 좌우 비대칭이 있는 경우에는 좌우 팔치기의 모양이나 가동 범위, 리듬이 다를 수 있다. 이는 전반적인 달리기 리듬이나 다른 신체 부위(특히 다리)의 비대칭적 움직임을 초래할 수 있으므로 장기적으로는 교정이나 보강 운동이 필요하다. 체형이 많이 틀어진 사람이 당장 완벽히 좌우 대칭적인 팔치기를 하는 것은 무리가 될 수도 있다. 전반적인 체형을 교정하면 자연스레 나아질 것임을 고려하며 훈련해야 한다.

올바른 자세

손은 부드럽게 쥐기

주먹을 꽉 쥐어보면 그 동작만으로도 목과 승모, 그리고 등에 강한 힘이 들어가는 걸 확인할 수 있다. 그래서 달리기 시에는 손을 편안하게 두고, 쥐지 않도록 한다. 손에 힘이 들어가면서부터 상체 전반에 긴장이 발생하게 되어 편안하고 자연스러운 팔치기와는 멀어지고, '힘 팔치기'가 되기 때문이다. 엄지와 검지의 끝은 풀잎을 쥔 것처럼 가볍게 맞대고, '손 안에 감자칩이나 낙엽을 넣은 것처럼' 편안한 주먹을 만들고 달리라는 것이 흔히 사용되는 큐cue(큐잉)[20]이다.

그렇다면 손과 손목에 힘을 완전히 빼고 달리면 어떨까? 러닝 커뮤니티에서 '티라노사우르스 손'이라고 지칭하기도 하는 이 자세는 손목을 털레털레 혹은 너덜너덜하게 두고 달리게 된다. 이렇게 통제되지 않는 손목을 반복적인 움직임에 노출시키면 손목에 피로가 쌓이거나 통증이 올 가능성이 높으니, 이 또한 지양하도록 한다.

여기까지가 교과서적인 손 세팅 방식에 대한 설명이다. 여기에 내가 실제로 효과를 봤던 정석근 헬스라이프의 정석근 감독님의 노하우를 출처를 밝히고 소개한다.[21] 그의 팁은 손을 부드럽게 쥔 채로 엄지를 올린 자세를 가볍게 취하는 것이다. 너무 강하게 힘을 주어 불필요

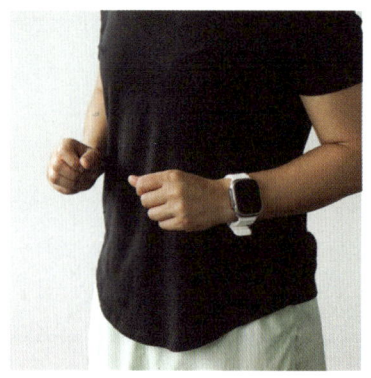
편안한 주먹을 만든 손 모양

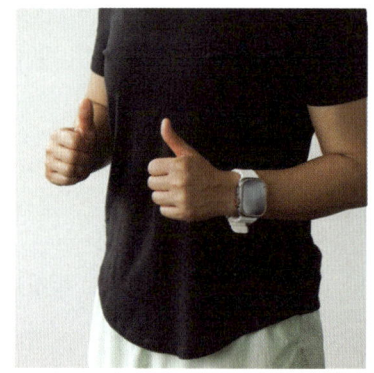
엄지를 올린 손 모양

20 동작을 유도하거나 자세를 교정하기 위해 사용하는 간단하고 명확한 지시어나 신호
21 정석근헬스라이프TV, 「자세꿀팁 시리즈 2 / 달리기는 상체로 달린다/ 엄지손가락과 팔꿈치 활용법」, 유튜브, 2024. 8. 16.

3 팔치기: 나에게 맞는 움직임과 각도

한 긴장을 만드는 것은 지양한다. 내가 느낀 효과는 온 몸이 지쳐 무게 중심이 바닥으로 처질 때, '엄지 척' 자세를 하면 다시 무게 중심이 약간 높아지는 것이었다. 이 책을 집필하며 한국체육대학교 출신의 엘리트 중장거리 선수에게 달리기 자세 팁을 전수받을 때에도 일반인 러너들이 잘 모르는 팁이라며 엄지손가락을 세우는 방법을 언급했다. 여러분도 한번 시도해 보시길 바란다.

팔은 몸에 가까이, 힘을 빼고 팔을 접어 올리기

누구나 차렷 자세에서 힘을 빼면 자연스레 팔이 몸에 붙는다. 그 자세에서 팔만 접으면 된다. 팔이 겨드랑이에 닿지 않게 하는 순간 '힘 달리기'가 되기 쉬워진다. 팔은 몸과 가까이 두고, 몸통으로부터 많이 멀어지지 않도록 한다.

팔에 힘을 빼고 자연스럽게 차려 자세를 한 상태에서 팔꿈치를 몸

쪽으로 접어 팔의 위치를 세팅하면 사람마다 다른 어깨 구조, 예를 들어 날개뼈의 기울기(견갑면)나 어깨가 앞으로 말린 정도 등에 맞춰 알맞은 팔의 내전 각도를 자연스럽게 찾을 수 있다는 장점이 있다.

팔꿈치 굴곡 각도

팔꿈치를 'ㄴ'자로 접는 굴곡 각도는 모두 내측 각도(팔 안쪽 각도)를 기준으로 설명하겠다.

일반적인 달리기 교본에서는 75~90도의 팔 각도가 권장되나, 그보다 더 접어도 된다. 굴곡 각도의 허용 범위는 큰 편으로 개인 체형(팔 무게와 길이, 체형, 주법 등) 또는 달리기 상황(주로의 경사도, 달리기 속도, 레이스 운영 전략)에 따라 변화할 수 있다. 그래서 많은 코치들이 일반인에게는 정답을 확실히 안내하기보다 '스스로에게 맞게, 편하게 접으라'고 권장한다.

팔 각도에 대한 정보를 찾고자 하면 여러 유명 지도자들이 각기 다른 자세를 안내하고 있다. 한 감독은 케냐 선수들처럼, 장거리를 뛸 때는 팔의 무게를 줄이기 위해 더 예각으로 달리고 단거리에서는 팔 각도를 크게 하라고 한다. 완전히 상반되는 조언을 하는 전문가도 있다. 또 다른 코치는 팔의 각도를 고정하지 말고, 몸통 앞쪽에서는 더 접고 뒤로 칠 때는 각도를 더 크게 벌리라고 하기도 한다. 이처럼 사람마다 정답이 다를 수 있는 자세의 경우 여러 가지를 시도해 보고 나에게 편한 자세를 찾아나가는 게 중요하다. 정답을 찾았다고 생각했을 때 다시금 새로운 발견이 오기도 한다. 러너로서 성장하며 러닝 실력이나 주법,

팔꿈치 각도가 좁은 팔치기와 넓은 팔치기

심지어 체중의 변화에 따라 새로운 팔치기를 시도해야 할 수도 있다.

팔을 접는 굴곡 각도가 얼마나 다양할 수 있는지는 프로 선수들의 달리는 모습에서도 확인할 수 있다. 안도 유카라는 일본 선수는 팔 내측 굴곡 각도가 90도보다 현저히 크다. 한편 케냐 선수들은 주로 팔 각도를 좁게 치는 편이며, 엘리우드 킵초게 선수는 상당히 좁은 각도로 팔치기를 한다.

팔의 움직임

팔이 좌우로 흔들리지 않게, 뒤로만 친다. 뒤로 친다는 건 일직선으로 친다는 말이 아니다. 머리 위쪽에서 내려다보았을 때 팔 모양이 11자가 아니라 팔자(八)가 되도록 자세를 잡기 때문에 팔을 뒤로 치면 결국 약간 사선의 궤적을 그리면서 움직이게 된다. 팔을 팔자로 설정해

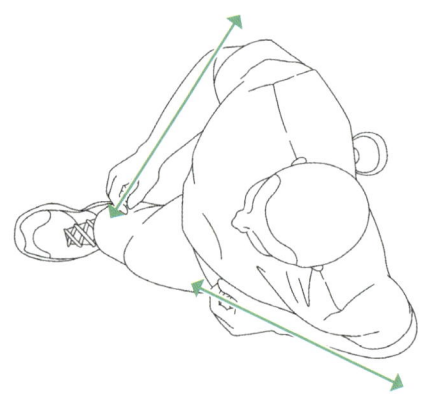

팔치기 시 팔꿈치가 사선 앞뒤로 움직인다.

야 팔꿈치를 편안하게 뒤로 보낼 수 있다. 여기에 자연스러운 흉추 회전과 어깨 흔들림이 골반의 움직임과 리듬을 이루며 너무 경직되어 달리지 않는 것이 요즘의 추세다. 한편 몸의 균형이 깨질 만큼 어깨를 좌우로 과하게 흔들지는 말아야 한다.

팔치기는 다양한 큐로 지도되는데, '드럼을 치듯 달리라'는 게 가장 흔히 사용되는 큐잉이다. 미국의 육상 선수 차리 호킨스Chari Hawkins는 드럼 스틱을 내리치듯, 손이 가슴-골반-가슴-골반으로 가도록 편안하게 치라고 말한다. 특히 오른손이 드럼을 치는 동작을 할 때 실제로 내리쳐지는 것은 왼다리, 왼손이 드럼을 칠 때 내리쳐지는 것은 오른 다리가 되어야 한다는 팁까지 전수한 바 있다. 단, 샤리 호킨스는 주로 단거리를 달리는 빠른 선수이기 때문에 팔 움직임을 크게 지도하는 것으로 보이며, 일반인이 달릴 때에는 팔 움직임을 더 작게 하는 것을 추천

3 팔치기: 나에게 맞는 움직임과 각도

한다. 또한 상체가 긴 일반인일수록 멀리 있는 옆구리 방향으로 손이 움직이는 느낌을 내야 할 것이다. 다만 일반인이라고 스프린트 훈련을 하지 말라는 법은 없으니 머릿속 한편에 이 큐를 넣어놓아도 좋겠다.

달리기 초급자반을 지도하다 보면 '드럼 큐'를 이해하기 어려워하는 분들이 많다. 그래서 내가 발견한 지시 방법은 농구공을 양 손으로 번갈아 드리블하라는 것이다. 공을 통통 튕기는 모습이 자연스레 연상되므로, 팔꿈치를 뒤로만 보내고 몸 앞쪽으로 올 때는 힘을 빼는 연습에 굉장히 유리하다는 것이 장점이다. 두 가지 큐를 모두 활용하는 것을 추천한다.

팔이 몸에서 너무 많이 떨어진다면 갈비뼈와 배를 긁듯이 달리라는 큐도 도움이 된다. 앞서 언급했던 주의 사항, 즉 주먹이 몸의 중앙선을 가로지르지 않도록 유의한다.

4 코어: 의식하지 않아도 단단한 코어 만들기

모든 운동은 코어 운동이다

우리 몸의 모든 근육은 척추를 보호하기 위해 만들어졌다고 해도 과언이 아니다. 목 디스크나 허리 디스크가 터져서 통증을 겪게 된다면 거동이 불편해지고 하반신 마비와 같은 심각한 증상까지 겪을 수 있다. 이렇게 생존에 중대한 위협을 가하는 척추 관련 부상을 방지하기 위해 몸은 겹겹이 척추를 둘러싸는 근육들을 진화시켜 왔다. 그것을 코어라 부른다. 코어는 다양하게 정의할 수 있으나, 이 책에서는 편의상 협의의 코어, 즉 몸통을 둘러싸고 있고 체간을 안정화하는 근육들을 지칭하도록 하겠다.

코어 근육은 일상적으로는 척추를 보호하는 역할을 하며, 스포츠 활동 중에는 보다 동적으로 개입하면서 안정성을 유지하고 힘을 발휘하는 데에 중요한 역할을 한다. 모든 움직임에서 척추는 보호되어야 하므로, 잘 수행한 모든 운동은 코어 운동이기도 하다. 대표적인 하체 운동으로 분류되는 스쿼트, 런지와 같은 동작들의 움직임이 주로 하체에서 일어난다 하더라도, 결국 그 움직임이 일어나는 안정성의 토대는 코어다. 바른 자세는 코어를 잘 활성화해야만 만들어진다. 그렇지 않으면 휘청거리거나 하체에서 힘을 제대로 못 내고 운동 집중도가 떨어지게 된다.

상체 운동을 할 때도, 심지어 척추를 움직이는 동작에서도 코어를 어느 정도 잡아야 하고, 복싱과 같은 회전 운동을 할 때, 사이클을 탈 때나 로잉 머신 위에서 유산소 운동을 할 때도 코어의 힘을 같이 개입시켜야 한다. 즉 모든 운동이 코어 운동이고, 코어를 활성화하는 방식이나 정도가 다를 뿐이다.

달리기에서 코어의 역할은 자세를 유지하고 무게 중심을 높이는 데에 있다. 코어가 약한 상태로 달리면 골반이 흔들리고, 허리가 아프거나 무릎 통증이 생기고, 발이 끌리는 현상이 나타나며 자세가 무너진다. 풀마라톤 주자들의 출발선상의 모습과 결승선 즈음의 모습을 비교해보라. 마지막 몇 km에서 자세가 무너져 상체가 과도하게 앞으로 혹은 뒤로 기울거나, 전반적인 자세가 바닥 쪽으로 축 늘어져 있을 가능성이 크다.

달리기에서 코어의 역할을 살펴보자.

- 자연스럽고 안정적인 회전 보조: 팔과 다리가 앞뒤로 스윙하는데, 특히 팔과 다리는 서로 반대되는 쪽이 함께 움직이므로 몸통 회전이 일어난다. 이때 코어가 과한 스윙으로부터는 보호해 주고, 자연스러운 회전 움직임은 보조한다.
- 신전과 굴곡 조절: 빠르게 앞으로 전진하는 동안 상체가 앞으로 더 쏟아지거나 뒤로 눕지 않도록 복근과 등 근육을 조절해 척추를 곧게 세워준다.
- 에너지 누수 방지 및 충격 흡수: 추진 단계에서는 하체가 바닥을 미는 힘에 집중할 수 있도록 몸통을 안정화시켜서 에너지 누수를 방지한다. 착지 단계에서는 바닥으로부터 오는 충격을 흡수한다.
- 무게 중심 조절 및 자세 유지: 골반이 접히지 않도록 몸을 곧게 유지

하고, 몸이 아래로 처지는 달리기를 방지해 무게 중심이 위로 끌어당겨진 자세를 만든다. 피로 속에서도 자세 붕괴를 막아 효율적인 러닝을 유지하게 해준다.

| 달리면서 코어를 활성화하는 법

달리기에서 코어 근육은 웨이트 룸에서 몸통에 기합을 넣듯 복압을 통해 경직시켜 안정화하기보다는 유연성을 동반해 안정화한다. 골프, 테니스, 복싱과 같이 척추 움직임을 허용하는 운동에서의 코어 안정화와 비슷하다. 앞 복부를 납작하게 잡되, 하복부에 특히 집중한다. 더 큰 안정화가 필요한 경우 옆구리까지 살짝 부푼 느낌으로 잡는다. 이러면 심층부 몸통 근육인 외·내복사근과 복횡근을 활성화시킬 수 있다.

구체적으로 얼마나 힘을 주어야 하는가? 이는 개개인의 코어 힘과 달리는 스피드, 주법에 따라 달라질 수 있으나, 그래도 기준이 되는 수치를 제시해야 한다면 정골의사이자 육상 코치로 활동했던 장 프랑수아 하비Jean-François Harvey의 책 『달리기, 조깅부터 마라톤까지』에 소개된 방법을 인용하고자 한다. 그는 달리는 동안 복부 근육을 약 25% 수축하라고 지시한다. 숨을 한 톨도 남김없이 최대한 내쉬었을 때의 복부 활성화 정도[22]를 100%라 간주하고, 그 1/4 수준으로 힘을 유지하라

---

[22] 피트니스 관점에서는 숨을 다 내쉬었을 때 잡히는 코어 힘을 총 코어 힘의 40% 정도로 본다.

는 것이다. 골반기저근 역시 25% 정도 활성화하여 끌어올리라고 설명한다. 골반기저근은 많은 사람들이 감각하고 조절하기 힘들어하는 부위다. 인지가 어렵다면 다리 사이로 오렌지 주스를 마신다고 연상해 보자. 혹은, 정확히 골반기저근은 아니지만 하복부를 잠그고 꼬리뼈가 아래로 편하게 떨어지게 둔다는 생각으로 접근하며 인지를 높이다 보면 골반기저근이 느껴질 때가 올 것이다.

    코어 운동은 부상을 방지하고 달리기 자세를 유지하는 데에 중요하기는 하나, 반드시 달리기 지표의 개선을 불러오지는 않을 수도 있다. 물론 어떤 연구들은 코어 훈련만으로도 속도가 빨라지거나, 지구력이 높아지거나, 달리기가 편해진다는 결과[23]를 보여주기도 한다. 코어와 달리기의 연관성을 살펴본 연구 결과가 일관되지 않은 이유는 여느 인간 대상 실험이 그렇듯 코어 훈련 프로그램의 구성, 훈련 기간, 참가자 특성 등이 서로 다르기 때문으로 보인다. 어떤 연구에서는 과도한 코어 근력이 오히려 달리기 시 코어를 불안정하게 만들 수 있다고 지적한 바 있다. 일반인 수준에서는 이를 걱정할 필요는 없겠지만 말이다.

---

[23] Kimitake Sato and Monique Mokha, 「Does Core Strength Training Influence Running Kinetics, Lower-Extremity Stability, and 5000-m Performance in Runners?」, 『Journal of Strength and Conditioning Research』, 2019.
Kwong-Chung Hung et al., 「Effects of 8-week core training on core endurance and running economy」, 『PLOS One』, 2019.

의식하지 않고도 활성화되는 코어를 만드는 법

어떤 스포츠를 잘하기 위해서는 그 스포츠를 연습해야 한다. 달리기를 잘하고 싶으면 몇날 며칠을 보강 운동만 하는 것보다 달리기를 하는 것이 더 도움이 된다. 그럼에도 코어 운동은 별도로 해주면 좋다. 달리기는 단지 수 분으로 끝나는 게 아니라 수십 분, 수 시간도 지속하는 운동이라 달리는 내내 나 자신에게 '코어 잡아' 명령하기가 인지적으로 피로하기 때문이다. 그래서 코어를 미리 근신경적으로 발달시켜 놓고, 달리는 동안 별도의 명령 없이도 스스로 활성화될 수 있도록 만들어야 한다.

이 기전을 더 자세히 살펴보면, 우리 몸에는 근육을 조절하는 여러 경로가 있는데 하나는 톱다운 방식의 피라미드pyramidal tracts(추체로)다. 인간이 의지를 가지고 움직이는 것을 수의적 운동이라고 하는데 수의적 운동을 지배하는 신경 섬유의 경로가 피라미드로다.[24] 쉽게 말해 뇌가 명령하는 대로 움직이는 것이 피라미드로를 통한 조절이다. 반면, 추체외로extrapyramidal tract는 뇌간에서 시작되어 척수로 운동 신경 섬유를 전달하는 경로로, 마찬가지로 운동 조절에 관여하나 무의식적이고 반사적이며 자동적인 근육 조절을 담당한다. 그래서 우리가 특별히 신경쓰지 않아도 이루어지는 반사적인 움직임, 자세 유지, 근 긴장도 조

---

[24] 피라미드로는 대뇌 피질에서 시작하여 뇌간 부위에서 교차하고, 오른쪽은 좌측뇌, 왼쪽은 우측뇌가 통제한다. (참고: 서울아산병원 의학용어, '피라미드로')

절, 운동 협응, 보행 등에 관여하는 주요 경로가 된다. 코어 운동을 별도로 하면 몸통 주변부 근육의 활성화 경험을 토대로 추후에 필요할 때 근육이 자동으로 활성화되도록 하는, 추체외로를 통한 코어 활성화 능력을 발달시킬 수 있다. 그러면 달리기 도중 의식적으로 코어를 활성화시킬 필요가 상당히 줄어들게 된다.

    코어 운동을 할 때는 복횡근, 복사근, 장요근 운동에 중점을 두면 좋다. 우리가 복근 운동 하면 떠올리는 '식스팩'[25] 근육인 복직근 또한 단련하면 좋으나, 달리기 특정적으로는 상복부보다 하복부를 중점적으로 단련하는 것이 유리하다. 달리기 시 피로도가 누적되면 골반이 전방경사되며 허리가 꺾이는 현상이 자주 발생하는데, 하복부 주변부 근육이 탄탄할수록 이 현상을 방지할 수 있기 때문이다. 복횡근, 복사근, 장요근, 복직근을 고루 발달시키면 골반을 앞으로 밀어주는 힘을 보다 확실하게 낼 수 있다.

---

[25] 누구나 '식스팩'은 아니다. 8팩, 10팩도 있을 수 있으며 복직근의 '팩' 수는 태어날 때부터 결정된다.

5 착지법: 세 가지 착지법과 무게 중심

| 누구를 위한 조언인가

다양한 출처에서 달리기 자세를 조사하고, 경험적으로 다양한 주법을 시도하며 느낀 것은 특정 자세를 '이것이 정답'이라고 제시하는 데는 상당한 어려움이 있다는 점이다. 러너의 레벨, 속도나 주법, 신체 비율, 관련 근육의 발달 정도, 거리(장거리, 단거리), 환경별로 적용할 수 있는 디테일이 달라지기 때문이다. 그래서 '옳은 달리기 자세는 없고 자신에게 맞는 주법을 찾으라'고 간결하게 말하고 싶은 욕망에 사로잡히기도 했다. 그러나 나는 언제나 더 용기 있는 사람, 주관이 뚜렷한 사람을 좋아한다. '정해진 것은 없으니 각자에게 맞는 방식을 잘 찾아보라'는, 어찌 보면 책임감 없는 정보 전달자의 자세를 취하고 싶지 않았다.

정보의 바다에서 옥석을 가리는 작업에서는 번잡스러운 단서 조항을 달그락거리며 이야기할 수밖에 없다. 이를 조금이라도 해소하기 위해 정보의 타당성을 변별하는 기준을 잠시 언급한 뒤 다시 설명을 이어가고자 한다.

먼저 달리기 자세에 대한 안내가 초중급자 러너들을 위한 팁인지, 고급자들이 발전을 위해 시도해야 하는 규칙인지 분별해야 한다. 올림픽에서 찍은 특정 종목 선수들의 단체 사진을 보면 대부분 체형이 비슷하다. 세금을 쏟아부은 각국의 경쟁적 R&D를 통해 그 스포츠에 유리하다고 판명난 체형적 특징들이 있기 때문이다. 그래서 세계적인 수준의 엘리트 사이에서는 '좋은 달리기 자세'가 좁은 범위로 수렴할지도 모른다. 취미 러너들 중 마스터즈 러너로 분류되는 이들의 체형도 대부분 비슷하다. 가벼운 몸, 긴 팔다리, 넓은 흉곽과 좁은 골반, 긴 하퇴와 아킬레스건. 그리고 아무리 장거리 마라토너라 해도 속도가 꽤 빠를 것이다. 그래서 달리기 폼도 비슷한 것이 자연스러운 이치다.

대부분의 잘 뛰는 러너들은 보폭이 크다. 그리고 발이 거의 엉덩이까지 닿을 듯 말 듯 멋지게 롤링[26]도 이루어진다. 그렇다고 아마추어 러너들이 이런 케이스를 분석해 '바른 자세란 저런 자세구나' 결론짓는 것은 잘못된 접근이다. 아마추어 러너도 속도를 빠르게 올려 질주하면 자연스레 보폭이 넓어지고 지면 접촉 시간이 줄어들며 롤링이 생긴다. 속도가 빠르면 이상적인 자세가 나오는데, 그 속도의 역치가 점점 올라가며 부상 없이 편하고 빠르게 뛸 수 있게 되는 것이 러너의 기량이 향상되는 과정일 것이다. 그래서 잘 달리는 러너가 해주는 조언은 이미 잘 달리는 러너에게 더 잘 달리는 법을 알려주는 것일 때가 많다. 초중급자 러너가 참고할 수는 있지만 바로 적용하기는 어렵다.

친구가 큰돈을 써서 국가대표 육상 선수에게 무려 10회나 달리기 개인 레슨을 받았다고 해서 그 팁을 어깨너머로라도 전수받으려 티타임을 한 적이 있다. 그 친구가 알려준 방식은 다소 독특했다. "달리기할 때 하체는 하나도 안 중요하며" – '그래, 상체 자세가 더 중요하다고 하는 사람도 많으니까' – "그래서 팔치기할 때 손이 얼굴 앞까지 올라와야 한다" – '잠깐, 뭐라고?' 아마 그 친구를 가르친 육상 선수는 초단거

---

[26] 발이 뒤에서 원을 그리면서 앞으로 착지하러 오는 동선으로, 속도와 보폭, 케이던스, 점핑 높이 등 여러 가지가 복합적으로 연관되어 있다.

리 달리기 테크닉, 그것도 육상 엘리트들이 쓰는 스킬을 알려준 것 같았다. 근육도 없는 일반인이 그런 자세의 달리기를 '선생님이 알려준 대로 손을 얼굴까지 올리며 달려야지'라는 순진한 생각으로 연습한다면 보폭이 커지고 속도가 증가하며 몸에 부담이 될 확률이 높다.

타고난 것을 탓하기만 하며 세월을 흘려보내는 것은 어리석은 짓이지만, 타고난 제약을 차갑게 인정하는 일이 묘한 평온을 주기도 한다. 재능 있는 러너들은 달리기에 입문한 지 고작 1~2년만에 서브3 기록을 세운다. 물론 많은 훈련을 소화했겠지만, 노력한다고 해서 모두에게 가능한 일은 아니다. 나에게 그런 재능까지는 없는 것 같다면, 주변에서 높은 달리기 목표를 가진다고 해서 분위기에 휩쓸려 그 수준을 달성할 필요는 없다. 죽을 때까지 못할 수도 있음을 인정하고 달리기를 안전히 즐기는 것에도 가치가 있다. 초보자는 초보자에게 맞는 자세를 배우고, 스스로에게 여유를 주자. 어쩌면 초보자에게는 다이어트나 근력 운동을 더 하고, 힘을 빼고 달리라는 말이 어떤 자세 교육보다 더 부상 예방에 도움이 될지도 모른다. 기록뿐 아니라 부상 예방을 위해서도 노력한다면 달리기를 취미로 오래 즐길 수 있을 것이다.

| 세 가지 착지법

러닝 동작에서 착지법이란 발의 어떤 지점이 처음으로 지면과 접촉하는지를 말한다. 착지 방식은 특히 달리기 자세 중 가장 논란이 많은 영역이며, 전문가 사이에도 어떤 착지법이 옳고 그른지 합의된 바가 없다. 그래서 어떤 방식이 더 옳은지에 대해 온라인에서 서로 헐뜯거나 조롱하는 수준으로 논의가 과열되기도 한다. 역시나 정답은 '각자에게 가장 맞는 착지법을 찾아라'이고, 나도 그에 동의한다. 그러나 다양한 착지법을 모두 구사할 줄 알고 나서 하나를 선택하는 것과 다른 착지법은 할 줄 모르는 채 한 방식만을 고수하는 것은 질적으로 다른 선택일 것이다.

착지 유형은 크게 세 가지로 나눌 수 있다.[27] 발의 어느 부분이 먼저 땅에 닿는가에 따라 힐 스트라이크heel strike,[28] 미드풋 스트라이크midfoot strike, 포어풋 스트라이크forefoot strike로 분류된다. 힐(뒤꿈치)과 포어풋(앞꿈치)은 누구나 듣자마자 직관적으로 이해할 수 있으나 미드풋(중간발)은 대체 어디를 지칭하는 건지 헷갈릴 수 있다. 발을 정확히 절반으로 나누면 발 아치의 중간 지점이 될텐데, 아치는 평발이 아니고서야 바닥에 닿을 일이 없기 때문이다. 일반적으로 미드풋 착지는 발의 앞부분과 뒷부분이 거의 동시에 닿는 착지를 지칭하나, 순서를 아주 미세하게 분석하면 발볼 - 발가락 - 뒤꿈치[29] 순서로 착지하게 된다. 육안으로 보기엔 발이 바닥과 거의 수평으로 착지한다.

[27] 다섯 가지 분류로 착지 방식을 나눌 수도 있다. 뒤꿈치 착지 - 뒷발 착지 - 중간발 착지 - 포어풋 착지 - 극심한 포어풋 착지. 다섯 가지 중 양극단에 있는 착지 방식은 바람직하지 않다고 여겨진다. 소위 '브레이크 현상(braking)'이 나타나는 극심한 뒤꿈치 착지와 거의 힐을 신은 듯 뒤꿈치가 들려있는 극심한 포어풋 착지는 몸에 과한 충격을 주므로 지양해야 한다. 이렇게 분류할 경우 나쁜 힐 착지와 좋은 힐 착지, 나쁜 포어풋 착지와 좋은 포어풋 착지의 구분이 명확해진다는 이점이 있다.
[28] 리어풋(rearfoot) 착지라고도 한다.
[29] 장 프랑수아 하비, 『달리기, 조깅부터 마라톤까지』, 시그마북스, 2023.

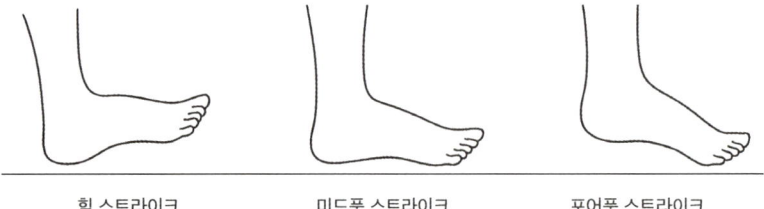

| 힐 스트라이크 | 미드풋 스트라이크 | 포어풋 스트라이크 |

- 힐 스트라이크: 뒤꿈치가 먼저 땅에 닿는 착지
- 미드풋 스트라이크: 발의 앞부분과 뒷부분이 거의 동시에 닿는 착지. 단, 실제로 발 전체가 완전히 동시에 닿는 경우는 거의 없다. 어느 한쪽에 더 무게가 실리기 마련이며, 미세하게 보면 발볼 - 발가락 - 뒤꿈치 순서로 바닥과 거의 수평으로 착지한다.
- 포어풋 스트라이크: 발의 앞부분(발가락 쪽)이 먼저 닿는 착지

힐 스트라이크

대다수의 러너는 힐 스트라이커다. 조사마다 다르지만, 대략 75%에서 90%의 러너가 뒤꿈치로 착지한다. 한 연구는 특정 대회에 참가한 마라토너들을 전수 조사해 1991명의 마라토너 중 약 94%가 뒤꿈치 착지를 한다고 측정한 바 있다.[30] 엘리트 러너들도 크게 다르지 않다.

[30] Mark Kasmer et al., 「Foot-strike pattern and performance in a marathon」, 『International journal of sports physiology and performance』, 2013.

물론 일반 대중보다 힐 스트라이커 비중이 더 낮다고 알려져 있기는 하나 여전히 전체의 70%가량이 힐 스트라이커다.[31]

하지만 힐 스트라이크는 가장 자주 도마 위에 오르는 착지 방식이기도 하다. 부상 위험이 높으니 고쳐야 한다고 주장하는 강경 반대파, 수많은 사람이 구사하고 있는 데다 초보자에게는 힐 착지가 가장 자연스럽다는 옹호파, 자연스러운 발 착지 패턴을 바꾸는 것이 효과적이지 않거나 오히려 부상 위험을 높일 수 있으니 그대로 달리라는[32] 주장 등이 있다.

힐 스트라이크가 논란의 도마 위에 오르기 시작한 것은 하버드대학교의 저명한 진화생물학 교수 대니얼 리버먼Daniel Lieberman[33]과 동료들이 신발을 한 번도 신어본 적 없는 러너들은 앞꿈치 착지를 사용하는 반면, 평소에 신발을 신고 다니는 사람들은 뒤꿈치 착지를 사용한다는 연구 결과[34]를 『네이처』에 실으면서부터다. 리버먼의 연구는 인간이 앞꿈치 착지에 적합하도록 진화했으며, 따라서 앞꿈치 착지가 뒤꿈치 착지보다 '자연스러운' 형태라는 인식을 확산시켰다.

---

[31] Matthew Klein, 「It's Okay to Be a Heel Striker」, Runner's World, 2021. 6. 9.
[32] Joseph Hamill and Allilson Gruber, 「Is changing footstrike pattern beneficial to runners?」, 『Journal of sport and health science』, 2017.
[33] 하버드대학교 인간진화생물학과 교수이자 개체및진화생물학과 겸임교수. 우리 몸의 구조와 기능이 왜, 어떻게 지금과 같이 진화했는지에 대해 광범위한 연구를 진행하고 있으며, 특히 인간 두개골의 진화와 맨발 달리기에 관한 연구로 유명하다. 지금까지 100편이 넘는 논문을 발표했고 대부분이 『네이처』와 『사이언스』에 실렸다.
[34] Daniel Lieberman et al., 「Foot strike patterns and collision forces in habitually barefoot versus shod runners」, 『Nature』, 2010.

"운동 역학 분석 결과, 딱딱한 지면 위를 달릴 때조차 맨발로 앞꿈치 착지를 하는 주자들은 신발을 신고 뒤꿈치 착지를 하는 주자들보다 충돌력이 더 작게 발생했다. 착지 시 발이 족저굴곡(발바닥 쪽으로 굽혀져 있는 상태)되어 있고, 충격을 받을 때 발목이 더 유연하게 반응해 지면과 충돌하는 몸의 유효 질량이 줄어들기 때문이다.
앞꿈치 착지와 미드풋 착지는 인류가 맨발로 혹은 최소한의 신발을 신고 달리던 때에 더 흔했던 주행 방식이며, 오늘날 많은 러너들이 겪는 충격성 부상으로부터 발과 하지를 보호하는 데에 기여했을 가능성이 있다."
-『네이처』에 실린 대니얼 리버먼의 논문 초록 중

이후 여러 논문들에서 맨발 달리기와 착지, 그리고 부상 관련 내용을 다루면서 중간발 또는 앞꿈치 착지를 지지하는 경향을 보였으며(물론 그를 반박하는 연구도 많았다), 특히『본 투 런』과 같은 달리기 대중서가 맨발 또는 샌들만 신고 달리는 부족들의 이야기를 흥미진진하게 다루면서 더더욱 쿠션을 최소화한 미니멀 운동화의 열풍이 일었다. 그러면서 뒤꿈치 착지는 비판의 대상이 되었다.

맨발 상태에서는 아무도 뒤꿈치로 착지하지 않고, 힐 착지는 단지 신발에 의해 가능해진 착지법이라는 이야기는 우리는 '달리기 위해', 그중에서도 미드풋과 포어풋을 사용하도록 태어났는데, 신발 회사들의 마케팅으로 뚱뚱한 쿠션화가 등장해서 힐 착지라는 나쁜 습관이 생겼다는 믿음을 부추겼다. 맨발일 때뿐 아니라 신발을 신었을 때도 미드풋 또는 앞꿈치 착지가 최적이라는 의견으로 확산되기도 했다.

그것도 맞는 말이다.[35] 그런데, 산길을 달리는 타라후마라족과 다르게 현대 사회를 사는 러너들은 딱딱한 아스팔트가 깔린 바닥을 달리는 로드 러닝을 하기 때문에 신발의 푹신함에 의존하는 것이 꼭 나쁜 일 같지만은 않다. 부드러운 흙길을 달릴 때와 아스팔트를 달릴 때 바닥으로부터 전달되는 충격이 꽤나 다르기 때문이다. 이를 체감하고 싶다면 경복궁 주변 도로 코스를 달릴 때와 서울숲 흙길을 달릴 때 다리에 전달되는 충격의 차이를 비교해 보자.

게다가 힐 착지라고 해서 다 같은 착지는 아니다. 어떤 힐 착지는 러너를 부상에 취약하게 만들고, 어떤 힐 착지는 안전하게 이루어진다.[36] 뒤꿈치부터 쾅쾅 바닥을 때리는 힐 착지를 초보자들이 구사하는 모습을 자주 볼 수 있다. 발목 긴장도가 높은 상태에서 체중으로 바닥을 때리니 수직 지면 반력[37]과 하체에 가해지는 충격이 커지며 스트레스성 손상과 부상의 부담이 높아지게 된다.[38] 이런 위험한 힐 착지는 발을 몸의 중심보다 더 앞쪽에 내딛는 <u>오버스트라이딩 경향과 함께 나</u>

---

[35] 반대되는 연구 결과도 있었다. 대니얼 리버먼 연구팀이 연구한 부족 말고, 아프리카의 또 다른 부족을 연구하니 장거리 달리기 속도에서는 자연스럽게 힐 착지를 한다는 내용이다.

[36] Jenessa Connor, 「The Guide to a Runner's Foot Strike and Whether You Need to Correct It」, Runner's World, 2022. 10. 31.

[37] 수직 지면 반력(Vertical Ground Reaction Force)은 지면 반발력의 한 구성 요소로, 지면 표면에 수직 방향으로 작용하는 힘을 말한다. 움직임을 연구하는 데 있어 핵심적인 지표 중 하나로 이를 통해 걷기, 달리기, 점프와 같은 다양한 활동 중에 신체가 바닥 환경과 어떻게 상호 작용하는지를 관찰할 수 있다.

[38] 크로스컨트리 선수 중 뒤꿈치 착지를 습관적으로 하는 선수들은 앞꿈치 착지를 습관적으로 하는 선수들에 비해 반복적인 스트레스 부상(repetitive stress injuries)이 약 두 배 더 많이 발생했다.
(참고: Adam Daoud et al., 「Foot strike and injury rates in endurance runners: a retrospective study」, 『Medicine and science in sports and exercise』, 2012.)

타난다. 오버스트라이딩과 힐 착지가 결합되면 착지 시 무릎 굽힘이 줄고 무릎에 충격이 커지면서 브레이크가 걸리는 느낌마저 발생하며, 종합적으로 높은 충격 수준과 뻗어진 무릎, 무게 중심이 어긋난 착지 때문에 통증 위험도가 높아진다. 이 통증은 보통 대퇴사두근이 부착되는 무릎뼈, 즉 슬개골 주변에서 나타난다.

반면 발뒤꿈치로 착지하되 엄지발가락으로 잘 밀며 나아가는 주법을 구사하거나, 거의 미드풋 착지처럼 발의 중간 부분에 가까운 쪽이 먼저 착지하며 사뿐하고 가벼운 느낌으로 뛰면 부상 위험이 적어진다. 거기에 충격 완화를 위해 무릎은 약간 굽힌 채로 착지하면서 오버스트라이딩을 피하면 꽤나 안전한 착지가 된다. 실제로 힐 착지를 사용하는 수많은 엘리트 주자들은 뒤꿈치로 착지하는 것 같아도 실제로는 몸의 중심이 지면 가까이 내려오기 전까지는 뒤꿈치에 큰 힘이 실리지 않는다고 한다.[39] 힐 착지라고 다 같은 자세가 아닌 이유다. 이에 대해서는 뒤에서 몸의 무게 중심과 착지의 연관성을 더 자세히 다룰 예정이다.

다른 관점에서도 힐 착지를 옹호할 수 있는데, 착지법별로 임팩트가 가는 부위가 다를 뿐 모든 착지법이 손상을 일으킬 수밖에 없다는 시각이다. 힐 착지는 무릎과 고관절에, 미드풋과 포어풋 착지는 종아리, 아킬레스건, 발목에 부상 위험이 발생하며, 힐 착지 자체가 부상의 발생 위험을 높이는 것은 아니라는 주장이다.

---

[39] 버지니아대학교 스피드 클리닉의 디렉터로 활동하고 있는 스포츠 임상 전문가 제이 디처리(Jay Dicharry)의 주장이다.

5 착지법: 세 가지 착지법과 무게 중심

미드풋 스트라이크

"내가 배울 때는 힐이랑 포어밖에 없었어." 이 말을 여러 중년의 마스터즈 러너는 물론, 젊은 육상 선수 출신 코치들에게도 들었다. 사실 중간발 착지라는 것은 없다고 하는 사람들도 있다. '발이 완전히 평평하게 바닥과 닿아 접촉 각도가 0도가 되는 중간발 착지가 어디 있느냐', '미드풋이라 일컬어지는 착지법은 단지 포어풋의 상당히 순화된 형태다' 이야기하는 경우도 있는데, 논리적으로 고개가 끄덕여지는 말이다.

미드풋 착지란 발바닥의 중족골두metatarsal heads, 즉 발볼이 먼저 지면에 닿고 거의 시간차 없이 뒤꿈치가 접지되는 착지 방식이다. 뒤꿈치는 아주 간결하게 스치는 느낌일 수도 있고 바닥을 클릭하는 느낌일 수도 있다. 이때 무게는 발볼에 더 많이 실리므로, 뒤꿈치가 닿는다고 해도 힐 착지처럼 뒤꿈치로 바닥을 '쿵' 치는 느낌은 현저히 적다. 장프랑수아 하비는 자신의 책에서 이 과정을 발볼-발가락-뒤꿈치 순서라고 세부적으로 분석한다. 물론 거의 시간차 없이 이루어지므로 육안으로 보았을 때는 동시에 지면에 닿는 것처럼 보일 수 있다. 미드풋 착지는 포어풋 착지와 유사하지만, 바닥과 거의 평행하게 닿는다는 것이 주요한 차이점이다. 포어풋 착지는 앞발볼이 먼저 지면에 닿은 후 발뒤꿈치가 지면에 닿지 않거나 아주 가볍게만 닿는다.

발만 미드풋 착지가 된다고 해서 이상적인 미드풋 주법이라고 할 수는 없다. 미드풋 착지를 수행할 때는 우선 과한 요추 전만에 주의하면서 몸을 곧게 펴 무게 중심을 높인다. 코어를 잘 잡고, 골반을 앞으로 밀며 몸통 전체를 앞으로 이동시킨다. 그리고 무릎을 굽힌 채 발을 바닥에 내려놓는다. 무릎을 너무 의식적으로 굽히지는 않아야 하는데, 애써 높여 놓은 몸의 무게 중심이 다시 낮아지면서 가라앉은 느낌의 달리기, 탄력이 사라진 자세가 될 수 있기 때문이다. 발을 내려놓을 때는 발볼에서 뒤꿈치 순서로 내려놓으나, 대부분의 힘은 발볼에 실리도록 한다. 이후 발로 바닥을 미는 토오프 toe-off 구간에서는 경쾌하게 점프하며, 체공 시간 동안의 에너지를 몸을 앞으로 이동시키는 힘으로 환원하는 데에 집중한다.

미드풋 착지의 핵심 장점은 다리를 뻗고 착지하는 경향성이 높은 힐 착지에 비해 무릎이 접힌 채로 착지한다는 점이다. 즉 무릎의 각도가 만들어진 상태에서 충격을 흡수한다. 또한, 힐풋과 포어풋의 장점을 섞어서 적절한 충격 흡수와 함께 추진력을 유지하게 한다. 느린 조깅부터 중간 속도의 템포 런까지 다양한 페이스에 잘 어울리며, 언덕 지형에서도 안정적으로 착지할 수 있다. 러닝 이코노미 개선에 대해서는 서로 완전히 대척점에 있는 연구들이 많아 미드풋 착지가 러닝 이코노미를 개선한다고 단언하기는 어려우나 미드풋 구사자들은 경험적으로 더 빠르게, 더 안전하게 달리게 되었다고 보고하는 경우가 많다.

참고로, 미드풋은 힐과 포어풋 사이의 스펙트럼 안에 있는 착지이기에 얼마나 포어풋에 가깝게 구사하느냐에 따라 정강이나 종아리, 발목 주변부에 가해지는 부하 정도가 달라진다. 최근에 나오는 러닝화들은 뒤꿈치 쿠션이 두꺼우므로 포어풋처럼 착지해도 힐이 닿는 느낌이

날 수 있다. 러너들이 자신이 어떤 착지법을 구사하고 있는지 감각하는 정확도는 꽤나 낮다고 하니, 이 점을 감안해 미드-포어풋 사이 어디쯤의 착지를 하고 있는지 잘 감지하는 것이 중요하다. 결국 미드풋 구사자에게는 포어풋 구사자와 마찬가지로 건강한 발목 주변부 근육의 탄성이 반드시 필요하며, 별도로 정강이나 종아리 근육을 보강 훈련해야 한다.

| 새로운 착지법을 도입하고 싶다면

미드풋 착지의 가장 큰 단점은 배우기 어렵다는 점이다. 유튜브나 달리기 안내서를 통해 정보를 접하고 시도한다면 맞게 적용하고 있는 건지 헷갈릴 수 있고, 그렇게 미드풋 착지를 잘못 배운 상태로 도전하고 나서 다쳤다고 호소하는 사람들이 많이 보인다.

무턱대고 미드풋 착지로 전환하기 전에, 왜 착지법을 바꾸려고 하는지 먼저 생각해보기를 바란다.[40] 잔부상에 시달린 뒤 '역시 내 착지법이 문제'라고 손쉽게 결론낼 때 착지법을 바꾸고 싶은 마음이 생기는 것 같다. 그렇지만 러닝에는 부상과 관련된 다른 변인들이 다양하게

---

[40] 일반적으로 힐 착지에서 미드/포어풋으로 착지 방식을 변경하라고 설득하는 이유는 크게 3가지다. (1) 미드풋 착지가 에너지 효율이 더 높고 (2) 지면 반작용력의 수직 성분에서 충격 피크와 적재 속도가 감소하며 (3) 부상 위험이 줄어들 수 있다는 점이다. 세 가지 장점이 유효한지에 대해서는 아직은 명확히 밝혀진 바 없다.

개입한다. 국소적으로는 보폭, 케이던스, 속도, 수직 진폭, 무게 중심 아래에서 착지가 이루어지고 있는지, 달리기 리듬이 고른지 등이 있고, 더 크게는 훈련 빈도와 강도, 그리고 러너의 체중[41]이나 근력 수준, 유연성과 같은 외적 요소들도 있다.

그러므로 잔부상에 시달릴 때는 착지법 변경 외에도 훈련량과 강도를 조절하거나, 근력과 유연성 강화를 위해 노력하는 선택지도 있다. 정말 자세에 문제가 있는 것 같다면 우선 오버스트라이딩 경향이 있는지 점검한다. 오버스트라이딩을 교정하기 위해 팔치기를 작게 하거나, 케이던스를 높이거나, 요추 전만을 줄이며 척추를 더 일직선으로 만들거나, 발목 기울기를 바꾸는 방법으로 문제를 개선할 수 있을지도 모른다. 그런 작은 수정들을 거치는 과정에서 고민이 해소되며 자연스럽게 미드풋 착지의 필요성을 느끼지 못하게 될 수도 있다. 물론 반대로 미드풋 착지를 통해 많은 걸 바꿀 수 있는 것도 사실이다. 미드풋 착지로 러닝 패턴을 개선하고자 한다면, 딱 착지 방식 하나만 바꾸는 것이 아니라 무릎의 자세, 케이던스, 보폭 등 종합적인 변화가 필요하겠다.

잔인하지만 원래 대부분의 운동은 무턱대고 하면 다친다. 초심자에게 맞는 운동 빈도, 훈련 시간, 강도, 테크닉이 따로 있다. 역도를 배워 보지 않은 사람에게 당장 무거운 스내치를 시키면 높은 확률로 부상이 생길 것이다. 수영을 갓 배운 사람에게 갑자기 강이나 바다에서 수영

---

[41] 러닝 종목은 맨몸 운동에 속하므로 체중이라는 변인을 절대 무시할 수 없다. 그래서 달리기 관련 요소만을 변경하는 것보다 체중 감량을 병행하는 것이 효과적일 수도 있다.

5   착지법: 세 가지 착지법과 무게 중심

을 시키는 것도 어불성설이다. 그렇게 가르치는 운동 선생님을 본 적도 없고 앞으로도 볼 일은 없을 것이다. 그런 식으로 운동을 시키면 순순히 따를 수강생은 얼마나 될까? 아마 환불 요청이 빗발칠 것이다.

태어나서 한 번도 역도를 해보지 않은 사람, 수영을 해보지 않은 사람, 클라이밍이나 골프, 테니스를 접해보지 않은 사람은 많다. 낯설수록 겸손하고 조심스럽게 자기 의심의 파도를 거치며 아마추어에서 숙련자가 되어간다. 그런데 달리기라는 운동은 특수하다. 태어나서 한번도 달리기를 해보지 않은 사람은 거의 없다. 그래서 진입 장벽이 낮은 운동으로 취급되며, 부상에 대해 심사숙고하지 않고 러닝을 접하는 사람들이 많이 보인다. 사실 그렇게 생각할 만도 하다. 운동화만 있으면 당장 시작할 수 있을 정도로 진입 장벽이 낮고, 훈련 강도만 조절한다면 이상적이지 않은 자세로 운동하더라도 운 좋게 부상을 피할 확률도 높다.

그러나 착지 방식 변경은 부상의 위험이 있는 결정이다. 이 이야기를 미드풋 착지법 이후에 하는 이유는 경험적으로 미드풋 착지가 좋다고 이야기하는 러너들이 많아지면서 미드풋을 구사하고 싶어하는 사람이 나날이 늘고 있기 때문이다. 새로운 착지법을 시도할 때에는 너무 강도 높은 훈련을 하지 않는 것은 기본이다. 슬로우 모션으로 영상을 촬영한 뒤 내가 새로운 착지법을 제대로 구사하고 있는지 관찰할 필요도 있다. 발이 몸의 무게 중심 쪽에 잘 착지하는지, 속도, 케이던스, 수직 진폭 등은 어떻게 달라지는지에 대한 종합적 고려 없이 착지법의 유용성을 평가하는 것은 어리석을 수 있기 때문이다.

| 포어풋 스트라이크

발볼이 지면에 처음 닿고, 달릴 때 뒤꿈치가 지면에 닿지 않는다면 포어풋 착지에 해당한다. 속도가 빠른 단거리 선수들은 대부분 포어풋 착지를 하는데, 발의 회전 속도를 최대화하고 지면 접촉 시간을 최소화하기 위해서다. 스프린터의 포어풋은 오직 폭발적인 속도를 위한 것이므로 발뒤꿈치는 거의 지면에 닿지 않으며 종아리와 햄스트링, 엉덩이 근육을 강하게 써서 짧은 시간에 최대한의 추진력을 만들어낸다. 몸은 앞으로 크게 기울고, 지면 접촉 시간은 0.1초 이내로 매우 짧다. 무엇보다도 발끝으로 바닥을 미는 토오프 동작으로 폭발적인 파워를 만들어낸다.[42] 단거리 트랙에서는 다리로 지면을 얼마나 세게 미는지가 속도에 꽤 중요한 영향을 미친다.[43] 우사인 볼트는 한번 바닥을 칠 때 자신의 체중(90kg)의 5배의 힘을 가한다고 하는데, 거의 450kg에 가까운 엄청난 힘이다. (단, 일반인은 달릴 때 이렇게 바닥을 차게 되면 발과 다리에 과한 충격이 갈 수 있다) 꼭 엘리트 주자가 아니더라도 누구나 전속력으로 달릴 때는 포어풋 착지의 경향을 보인다. 일반적으로 장거리 주자들은 미드풋이나 힐 스트라이크를 많이 쓰지만, 일부는 포어풋 주법을 택하기도 한다.

---

[42] 토오프(toe-off)와 포인(paw-in) 동작은 다르다. 포인은 바닥을 긁으며 미는 느낌, 토오프는 바닥을 치는 느낌에 가깝다.
[43] 서던메소디스트대학교의 교수이자 단거리 달리기 과학 분야의 선도적인 전문가인 피터 웨이언드(Peter Weyand)의 주장이다.

미드풋 착지라는 카테고리가 신설되기 전까지 미드풋은 포어풋에 속해 있었으므로 대부분의 특징을 공유한다. 그래서 장거리용 포어풋 착지는 미드풋과 꽤 비슷하다. 발 앞쪽이나 중간 부위가 먼저 닿되 착지 후에는 뒤꿈치가 살짝 닿으며 체중을 부드럽게 넘긴다. 이처럼 소프트한 포어풋을 구사하려면 탄력 있고 긴 아킬레스건과 같은 타고난 신체 구조, 가벼운 체중, 빠른 케이던스를 유지하는 능력, 단련된 종아리와 정강이 근육 등이 뒷받침되어야 한다. 평범한 마라토너가 따라하기에는 부담이 클 수 있으며, 철저한 준비와 적합한 신체 조건이 전제되어야 한다.

미드풋 착지와 마찬가지로 포어풋 또한 무릎에 가해지는 충격이 줄어들기 때문에 무릎 부상 예방에 효과적이라는 장점이 있다. 하지만 발볼 부위로 달릴 경우 종아리, 정강이, 아킬레스건, 발바닥 힘줄(족저근막)에 부담이 커지므로, 무리하게 속도를 높이거나 거리를 늘리면 과사용 스트레스나 힘줄 부상이 발생할 수 있다는 점도 참고해야 한다.

| 착지법보다 중요한 무게 중심

착지법보다 더 중요한 것은 몸의 무게 중심 아래에 발이 착지해야 한다는 것이다. 무게 중심은 체형마다 다를 수 있는데, 통상 골반과 배꼽 사이로 간주한다. 그런데 막상 달리는 모습을 촬영해 보면 아무리 잘 뛴 것 같아도 정확히 무게 중심 아래 발이 착지하는 경우는 많지 않다. 왜 그럴까?

이 차이는 접지 시점 landing phase과 하중이 본격적으로 실리는 시점 loading phase 사이에 존재하는 간극에서 비롯된다. 발이 바닥에 닿기 시작하는 순간과 가장 몸무게가 많이 실리고 바닥에 반발력을 많이 가하는 순간 사이에는 간발의 차이가 있다. 러닝 커뮤니티에서는 발이 바닥에 닿기 시작하는 접지와 착지를 같은 용어로 사용하기 때문에 더욱 착지 관련 혼선이 빚어진다.

달릴 때 몸은 계속 앞으로 전진하고 있다. 발이 바닥을 터치하는 접지 순간에도 몸통은 앞으로 이동하고 있고, 접지의 순간을 지나 힘을 바닥에 가장 세게 가할 때는 몸통이 앞으로 더 나아가 있게 된다. 흔히들 오해하듯 발이 지면에 닿는 순간부터 몸의 무게 중심 바로 아래에 발이 위치한다면, 체중이 완전히 실리고 힘을 가장 세게 가하는 시점에는 이미 몸이 앞으로 전진해 버려서 발이 몸의 중심보다 뒤쪽에 있게 될 것이다.

그래서 발이 바닥에 닿는 순간에는 무게 중심보다 약간 앞에 디뎌져야 한다. 얼마나 앞에 접지해야 할지는 달리는 속도에 따라 달라진다. 매우 천천히 달리고 있다면 최대 하중이 발에 실리기 전에 몸이 그만큼 멀리 앞으로 나아갈 시간이 부족하다. 이 경우 발이 지면에 닿는 지점이 몸의 무게 중심보다 아주 조금만 앞이어야 한다. 빠른 속도로 달린다면 몸이 더 빠르게 앞으로 이동하므로 상대적으로 발이 무게 중심보다 더 앞쪽에 접지되어도 문제가 되지 않는다. 그래서 엘리트 러너들이 달리는 모습을 슬로우 모션으로 관찰하면 발을 너무 멀리 바닥

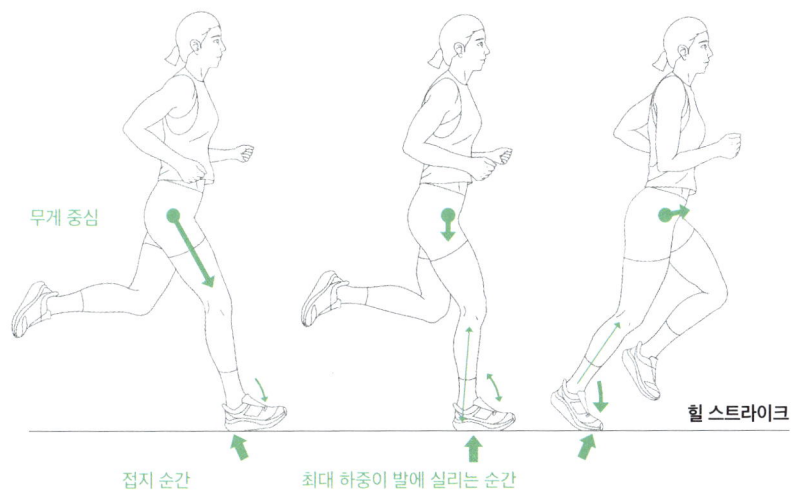

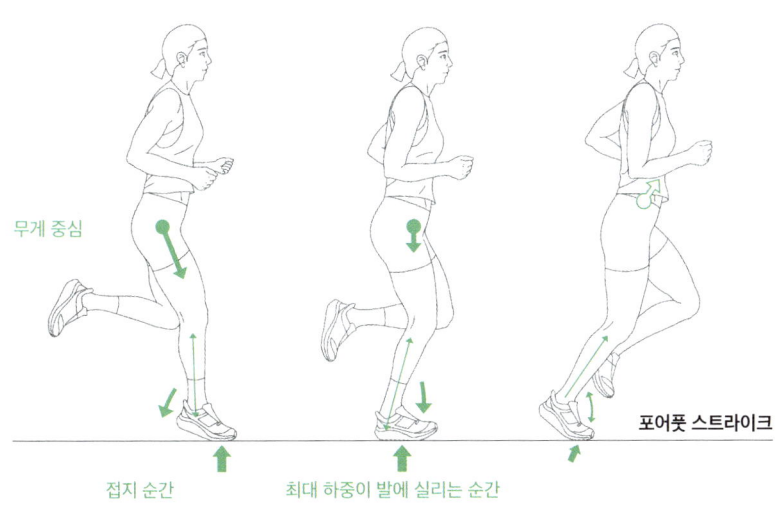

힐 스트라이크와 포어풋 스트라이크에서 접지 순간과 최대 하중이 발에 실리는 순간

에 놓는 것으로 보이나, 앞으로 전진하는 속도가 매우 빠르므로 가장 힘을 많이 받을 때는 발이 무게 중심 아래 있게 된다. 만약 일반인이 엘리트 러너처럼 발을 몸에서 멀리 접지한다면 속도가 느리므로 심각한 오버스트라이딩이 된다.

그래서 어떤 면에서는 발의 어느 지점으로 먼저 착지해야 하는가 하는 논의가 무용할 수 있다. 착지를 바르게 구사했다면, 어떤 부위로 접지하더라도 실질적인 무게가 걸리는 시점은 발볼이 무게 중심 아래 있을 때로 동일하기 때문이다.

| 발목과 발 자세

달리기 시 발은 처음에는 새끼발가락 쪽이 바닥과 접지했다가 엄지발가락에 하중이 실려 발 아치가 살짝 눌리는 과정을 거치며 착지 후, 다시 지면을 밀면서 추진력을 만들게 된다.

발목이 과하게 꺾이는 것을 막아주는 각종 러닝용 안정화들이 인기를 끌며 발목이 움직이는 것을 완전히 피해야 한다는 편견이 확산하고 있는 듯 하다. 아직 발목을 잡아주는 근육이 발달하지 않았거나 발목을 확확 눌러쓰는 과체중 초보 러너인 경우, 발 아치가 소실된 평발이나 과하게 높은 요족인 경우 과회내와 과회외를 지양하기 위해 안정화가 필요할 수 있다. 다만, 자연스러운 수준의 발목 움직임은 필요하므로 발목을 확실히 고정하기 위해 안정화를 찾는다면 재고해 볼 필요가

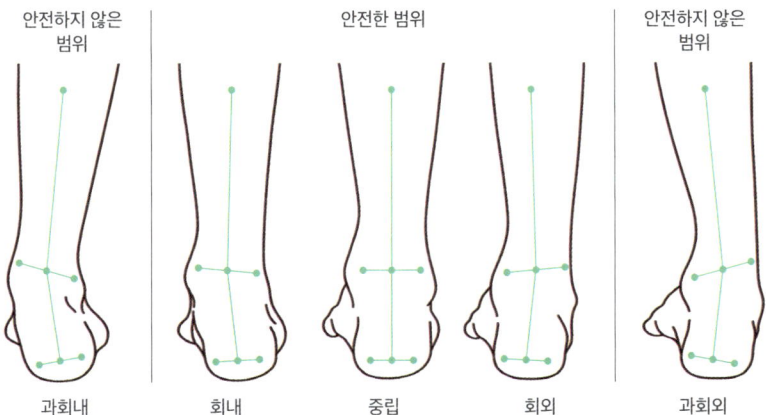

발목 회외와 회내(오른발 기준)

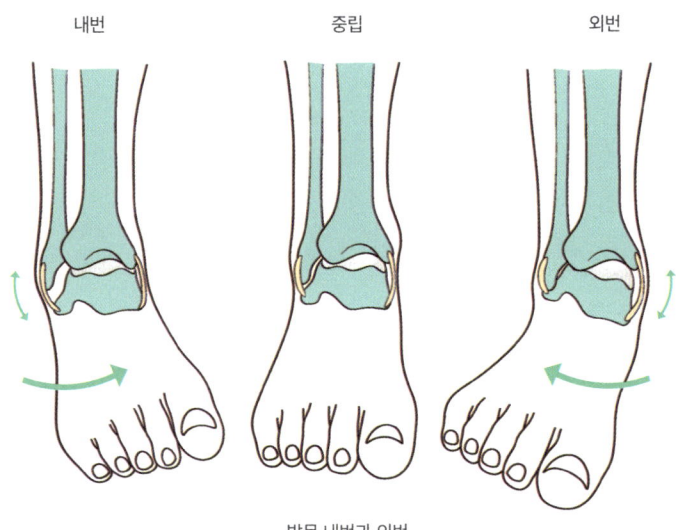

발목 내번과 외번

항목	주 운동면(plane)	정의	비고
발목 외번 (eversion)	전두면 (frontal)	발바닥이 안쪽으로 눌리며 기울어지는 발목 움직임	발 안쪽 가장자리 (엄지발가락 측) 누름
발목 내번 (inversion)	전두면	발바닥이 바깥쪽으로 눌리며 기울어지는 발목 움직임	발 바깥쪽 가장자리 (새끼발까락 측) 누름
발 방향 외전 (abduction)	횡단면 (transverse)	발 앞부분이 몸의 정중선에서 바깥쪽으로 멀어지는 움직임	주로 전족부에서 관찰
발 방향 내전 (adduction)	횡단면	발 앞부분이 몸의 정중선 쪽으로 가까워지는 움직임	주로 전족부에서 관찰
회내 (pronation)	삼면 (triplanar)	발이 안쪽으로 기울어지며 약간 벌어지고, 발바닥이 바닥에 더 닿는 복합 움직임	외번 + 외전 + 배측 굴곡
회외 (supination)	삼면	발이 바깥쪽으로 기울어지며 약간 모이고, 발바닥이 들리는 복합 움직임	내번 + 내전 + 저측 굴곡

있다.

체중, 근력, 발의 모양과 같이 당장 바꿀 수 없는 것들을 제외하고, 발목 안정화를 위해 내가 가장 중요하게 생각하는 포인트는 지면 접촉 시간과 발목 강성 stiffness이다. 지면 접촉 시간이 길수록 발을 바닥으로 눌러 쓰는 경향성은 커질 수밖에 없다. 발이 바닥을 탁 치고 지나가는 것이 아니라 오래 머물면 체중을 발과 발목에 싣기 쉬우며, 아치를 바닥 쪽으로 누르는 시간 자체가 길어지기 때문이다. 이로 인해 러너들이 최근 화두로 올리고 있는 소위 '내전(회내)'이 발생한다. 그래서 발목이 안으로 많이 꺾이는 경우 지면 접촉 시간을 줄이는 것이 도움이

5 착지법: 세 가지 착지법과 무게 중심

될 수 있다. 착지 시점에 발과 발목을 뻣뻣한 느낌을 내며 사용하는 것도 도움이 된다. 발과 발목의 움직임을 어느 정도 허용해야 하는 것은 맞지만, 대개는 너무 많이 움직이는 것이 문제가 되기 때문이다. 발목의 강성은 다시 지면 접촉 시간 단축과 다리 전체의 강성에 도움이 되며 에너지 누수를 방지하는 데 기여한다.

발목 말고 발 전체의 외전, 즉 발을 얼마나 '팔자'로 설정할지는 일반적으로 착지 순간, 즉 발바닥이 가장 바닥으로 눌렸을 때에 15도 수준이다.[44] 별다른 불편감이 없다면 일자로 설정해도 된다.

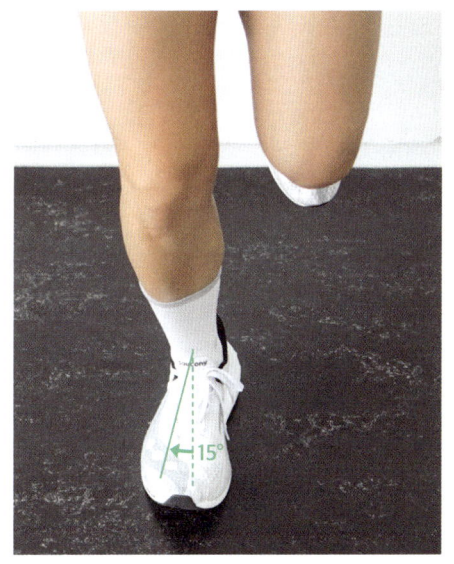

착지 순간 발의 외전 정도

---

44 장 프랑수아 하비, 『달리기, 조깅부터 마라톤까지』, 시그마북스, 2023.

| 무릎과 발의 움직임

어떤 느낌으로 달려야 하는지를 말할 때 서로 같은 이야기를 하고 있음에도 다르게 표현되어서 초보 러너에게 혼란을 주는 큐가 있다. 발이 바닥에 닿은 다음 다시 발을 들어올릴 때, 무릎을 가볍게 위로 들고 내려놓는 것만 신경쓰라는 지시와 발뒤꿈치를 고관절로 살짝 당겨오라는 지시다. 아래 사진을 보면 같은 자세임에도 왼쪽에서는 무릎을 위로(더 정확히는 앞으로) 가볍게 들어올렸고, 우측 사진은 발을 고관절 쪽으로 당겨오듯 들었다.

몸을 해석할 때는 좌우, 앞뒤, 위아래라는 프레임 안에서 종합적으로 바라보면 이해가 수월하다. 발을 들어올릴 때에 관한 두 가지 큐는

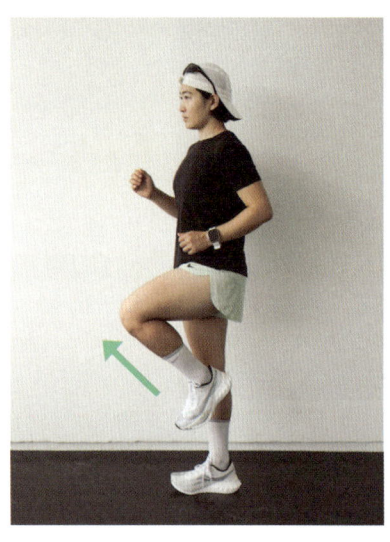 

하나는 앞, 다른 하나는 뒤에서 몸을 해석하고 있는 것이다. 어떤 큐를 머릿속에 새겨넣고 적용할지는 단지 선택의 문제다. 무릎을 들고 내리는 느낌으로 달리면 바닥을 찍는 경쾌함이 생기고, 발을 고관절쪽으로 당기는 느낌을 내면 자전거를 타듯 다리를 잘 굴리는 느낌이 더 우세해진다.

| 모든 걸 다 잊고 즐겁게 달려라

초보자가 달리기를 포기하는 가장 큰 이유는 흥미를 잃는 것이다. 그러므로 자세에 굉장히 신경쓰며 개선을 꾀해야 할 때도 있지만, 어떤 날은 완전히 잊고 순전히 달리는 재미에 집중해야 한다. 달리고 있다는 사실 그 자체에 흥분하고, 좀처럼 돌아보지 않았던 아름다운 주변 풍경도 즐기면서 만끽하는 날도 필요하다. 바른 자세는 부상 예방을 위한 달리기의 가장 기본적인 구성일 뿐, 달리기의 본질은 고통과 생의 감각, 그리고 그 속에서 촉발되는 내적 환희가 아닐까 싶다. 이렇게 달리기에 애착을 쌓다 보면, 자세를 점검하고 개선해 나가는 과정도 즐거워질 것이다.

Part 3

훈련법과 러닝 다이내믹스

6 강도를 넘나드는 훈련법

쉬운 훈련은 충분히 쉽게, 어려운 훈련은 충분히 어렵게

모든 운동은 강도와 빈도를 유연하게 조절해야 한다. 짧고 강하게, 길고 가볍게, 혹은 그 반대로, 때로는 그 중간 어딘가에서 훈련한다. 이렇게 훈련 강도에 변주를 주어야만 휴식과 훈련의 균형을 잡을 수 있다. 또, 훈련의 목표가 있다면 다양한 강도를 경험해야만 몸이 발전을 이루며 목표에 도달할 수 있게 된다.

달리기도 마찬가지로 훈련에 변주를 줄수록 발전이 빨라진다. 특히 기록 향상을 목표로 한다면 '포인트 훈련'이라고 부르는 지속주나 인터벌과 같이 목표가 명확한 훈련과 비교적 편안한 속도로 수행하는 조깅을 적절히 섞어야 한다. 훈련 비중이 조깅에 치우치면 속도나 힘, 탄력이 부족해질 수 있고, 포인트 훈련만 반복하면 장거리 달리기 능력(지구력), 지방 대사 능력이 떨어지고 몸이 고강도 훈련으로부터 회복할 시간이 부족할 수 있다. 또한 주요한 대사 지표도 이 양극단에서 효과적으로 발달하기 때문에 쉬운 훈련과 어려운 훈련을 조합하는 것이 바람직하며, 조깅과 포인트 훈련의 비중을 80대 20으로 잡는 것이 흔한 추세다.

초보자들은 달리기 훈련을 평면적으로 수행하는 경우가 많다. 예를 들어 '5km씩 주 3회 달리기'와 같이 변주가 적다. 반면 중고급자들은 달리기 훈련의 강도와 빈도를 바꾸어가면서 입체적으로 훈련한다. 물론 초보자는 일단 달리러 나갔다고 하면 칭찬과 격려를 받아 마땅하며, 매일 같은 거리를 같은 강도로 달려도 체력은 점점 향상된다. 달리

구분	조깅	포인트 훈련
목적	회복, 부상 예방, 유산소 능력 유지	기록 향상, 능력 향상, 임계점 돌파
강도	매우 낮음 ~ 중간 (존2)	중간 ~ 매우 높음 (존3~5)
주관적 강도(RPE)	2~5 / 10 (편안한 대화가 가능)	6~10 / 10 (숨이 차고 힘듦)
심박수 기준	최대 심박수의 60~70% 수준	최대 심박수의 80% 이상 (훈련 목적에 따라 상이)
대표 예시	조깅, 회복주	페이스주, 인터벌, 템포 런, 업힐 트레이닝 등
피로도	낮음 (회복에 도움)	매우 높음 (회복 필요)

기는 단지 루틴일 뿐 그다지 발전욕이 없는 분들도 있을 것이다. 그러나 처음엔 그저 '펀 런fun run'을 추구하며 시작했더라도 기량이 향상된다고 느끼는 순간 목표가 달라질 수 있다. 잘 달리는 사람들이 일반적으로 어떤 훈련 방식을 채택하는지 알면 도움이 될 것이다.

    훈련마다 목적이 다양하므로 권장되는 시간이나 강도가 다르다. 그러나 이는 절대적인 기준이 아니며, 개인의 체력 수준과 경험에 따라 조절이 필요하니 참고용으로만 활용하자. 이 챕터에서는 복잡한 운동생리학적 개념은 배제하고 실용적인 측면에 초점을 맞춰 설명하며, 보다 상세한 이론적 배경은 다음 챕터에서 다루겠다. 또, 고강도 훈련의 경우 웜업을 반드시 거쳐 수행해야 부상 위험이 줄어든다는 점도 참고해야 한다.

걷기

걷기 훈련의 목적은 러닝 초보자의 체력을 강화하는 것이다. 특히 다른 운동을 꾸준히 해본 적 없는 사람들은 먼저 걷기로 체력을 강화해야 하는 경우가 대다수다.

걷기가 무슨 운동이 되냐는 생각이 든다면, 언젠가 다녀왔던 여행을 떠올려보자. 하루 종일 이곳저곳 찾아다니느라 많이 걷고 숙소로 돌아오면 다리가 묵직한 느낌이 든 적이 있을 것이다. 나 또한 몇년 전 여행을 다녀왔을 때 일 평균 도보 거리가 20km가량 되었었는데, 여행 중 별도로 운동을 하지 않았음에도 운동을 못해서 답답한 느낌이 들지 않았다. 오히려 하체에 땅땅하게 자극이 들어간 느낌이 들었고, 귀국 이후에도 하체 근력이 줄지 않고 늘었다. 걷기의 효과를 확실히 느낀 계기였다.

걷기를 달리기 예비 훈련으로 삼을 때는 훈련답게 팔을 충분히 휘두르면서 걷고, 등을 펴고 몸통에 힘을 주며 평소 속도보다 빠르게, 다리를 힘차게 디디며 성큼성큼 걷는다. 특히 강도가 낮으므로 중간에 너무 자주 쉬지 않고 (은행에 들러 볼일을 보거나 커피를 마시거나 하는 등) 목표한 시간 또는 거리만큼 힘차게 걷도록 한다.

조깅

　조깅은 느리고 편안한 속도로 달리는 가장 기본적인 러닝 형태다. 대화를 나눌 수 있을 정도의 편안한 속도에서 수행한다. 유산소 능력 향상과 자세 교정에 효과적이며, 심폐 기능과 지방 대사 능력을 높이는 데 기여한다. 조깅은 단순한 회복 훈련을 넘어 자세 교정을 연습하는 기회가 된다. 강도 높은 훈련 전 웜업으로 2~5km 정도 조깅 훈련을 하기도 한다.

　조깅은 회복기나 컨디션이 좋지 않은 날에도 부담 없이 이어갈 수 있다는 점에서 꾸준한 달리기를 위한 핵심 훈련이다. 포인트 훈련을 매일 할 수는 없으므로 전체 러닝 볼륨, 즉 훈련량을 높이는 데에도 필수적인 역할을 한다.

　조깅에서 통상적으로 권장되는 심박수 구간은 최대 심박수의 60~70% 수준으로, 이를 흔히 '존zone2' 훈련으로 칭한다. 유무산소 대사는 언제나 동시에 일어나고 있지만, 운동 강도가 낮을 때에는 몸에 필요한 에너지를 산소 기반의 유산소 대사 aerobic metabolism로 충당한다. 강도가 높아지면 무산소성 대사의 비중이 점점 높아진다. 그래서 진정한 의미의 유산소는 저강도에서 발생한다고 설명하며, 이것이 바로 '존 2' 달리기 유행의 기반이다.

　"아주 느리게 뛰어도 심박수가 너무 높아지는데 어떻게 하나요?" 질문하는 초보자들이 있다. 편안한 속도로 조깅하려면 1km에 9분, 10분대 페이스까지 밀린다는 사람, 심지어 걷기만 해도 존 2 페이스로 올라간다는 사람도 보았다. 그 정도 속도에서도 힘들다고 느끼거나, 과체중인 경우 등 느린 페이스를 고수해야 할 이유가 있다면 그리 훈련하는 것이 좋겠지만, 이 시기에 존2만 고집하면 운동 강도가 지나치게 낮아져 신체에 충분한 자극이 전달되지 않고 오히려 러닝의 재미와 동기마저 사라질 수 있다. 신체 적응이 충분히 일어나기 전까지는 높은 심박수 구간에서 뛰는 것도 포함시켜 운동하면 더 빠른 심폐 능력 발달을 가져올 수 있다.

지속 불가능한 고강도 훈련을 억지로 하라는 것이 아니라, 적절한 불편함을 감수하며 심박수 기준을 조금 넘어서는 수준에서 훈련을 이어가라는 의미다. 존 2의 심박수 구간에서 자연스럽게 달릴 수 있는 여유는 이후에 따라온다. 그전에는 심박수 수치보다 운동 후의 회복 정도, 다음 날의 피로도, 러닝 후 기분 같은 지표를 중심으로 훈련 강도를 조절하는 것이 더 실용적이다.

장거리 훈련(LSD)

LSD Long Slow Distance는 말 그대로 '길고 느리게' 달리는 훈련이다. 조깅과 비슷하거나 약간 느린 속도로 장시간, 장거리를 달린다. 일반적으로 적게는 한 시간에서 중고급자의 경우 두 시간 이상, 20~30km에 이르는 긴 거리를 달리며 조깅과 비슷한(존2) 심박수 수준을 유지하게 된다. 5km나 10km 레이스[45]를 준비하는 사람이라면 장거리 훈련의 필요성을 못 느낄 수도 있으나 본격 장거리 대회로 분류되는 하프 마라톤이나 풀코스 마라톤을 준비하는 사람이라면 반드시 포함해야 할 핵심 훈련 중 하나다. 초보자와 엘리트 주자 모두에게 필요한 달리기 기초 체력을 만드는 훈련이기도 하다.

목표 레이스 페이스보다 60~90초 느린 속도 또는 조깅 페이스보다 약간 느린 페이스를 기준으로 삼고 달리면 된다. LSD는 조깅처럼 편안한 페이스로 달리지만 조깅으로 분류되지는 않고, 고강도 포인트 훈련으로 분류되지도 않는다. 그러나 달리기 지속 시간 자체가 훈련 강도가 되기 때문에 쉬운 훈련이라고는 할 수 없다.

LSD의 이점은 낮은 강도로 긴 시간을 달리는 동안 몸이 탄수화물보다 지방을 에너지원으로 활용하는 법을 배우고, 이 과정에서 산소를 적극 활용하며 대사하는 법을 익힌다는 점이다. 달리기를 하고 나서 '체질이 바뀌었다'고 말하는 사람이 주위에 하나둘 있을 것이다. 그 변화는 아마 진정한 유산소 대사를 통한 지방 활용 능력이 생겼다는 뜻이 아닐까. LSD에 익숙하지 않다면 거리보다는 시간을 기준으로 훈련을 계획하는 것이 좋다. 거리주로 계획할 경우 속도를 올려 훈련을 빨리 끝내고 싶은 마음이 들 수 있기 때문이다. 그 경우 심박수가 너무 빨리 오르고, 무산소 구간에 머무르는 시간이 길어져 훈련의 목적이 불분명해질 수 있다.

---

45 5km 나 10km 대회를 출전하며 마라톤에 나간다고 표현하는 경우가 종종 보이나, 통상 이와 같은 짧은 거리는 '레이스'로 지칭한다.

러닝 초보에게는 LSD와 조깅이 잘 구분되지 않는 경우가 많다. 10분만 달려도 숨이 차는 사람에게는 30분 달리는 것이 장시간, 장거리 러닝일 수 있기 때문이다. 초보자라면 중고급자들이 LSD를 수십 킬로미터씩 수행한다고 해서 조급해하지 말고, 평소 하는 조깅보다 조금 더 길게, 혹은 조금 더 멀리 뛰며 '나만의 장거리 훈련'을 해보기를 바란다.

LSD는 조깅과 마찬가지로 훈련량을 쌓는 데에 도움을 준다. 일주일 동안의 훈련을 구성할 때 80:20 원칙을 적용하면 상당히 효과적이다. 전체 훈련에서 대부분의 비중은 LSD 같은 저강도 훈련으로 유산소 대사 능력과 지구력을 기르고, 나머지는 인터벌 등의 고강도 포인트 훈련으로 스피드와 리듬을 몸에 익히는 방식이다. 목표한 훈련량의 대부분 비중은 LSD로 채워보자. 유산소 기반과 지구력이 다져져야만 나머지 고강도 훈련이 효과를 발휘할 수 있을 것이다.

업힐

안산, 남산 북측순환로, 어린이대공원, 상암 하늘공원……. 서울의 업힐 트레이닝 명소다. 주말에 이곳을 가보면 숨을 헉헉대며 뛰는 러너들을 심심찮게 볼 수 있다. 바로 업힐, 즉 언덕 달리기를 하고 있는 것이다.

언덕 달리기는 당연히 평지보다 에너지 소비가 크기 때문에 도전적이지만, 다리가 얼얼한 보람을 준다. 오르막을 달리면 앞허벅지와 엉덩이, 뒷허벅지가 불타는 느낌이 든다. 업힐 트레이닝 하루이틀 전에는 절대로 하체 운동을 하지 말라고 농담 반 진담 반으로 회원들에게 조언하는데, 훈련 후 하나같이 "왜 하체 운동 하지 말라는지 알겠어요. 다리가 너무 무거워요!"라 말한다.

업힐 달리기를 할 때는 평지보다 속도가 훨씬 줄어들지만 하체 근육의 사용도는 줄어들지 않기에 초보자가 달리기 관련 근력을 저속에서 키우기 정말 좋은 훈련 방식이다. 초급자가 아니더라도 빠르게 달릴 때 무릎 주변부에 불편한 통증이 자주 발생하는 러너들은 통증을 우회하면서 할 수 있는 고강도 훈련법에 대한 고민이 많을 텐데, 이때 유용한 대안이 된다.

업힐 훈련 시 주의해야 할 사항은 반드시 종아리와 정강이를 잘 이완하고 수행해야 한다는 점이다. 바닥의 경사로 인해 뒤꿈치가 더 깊이 바닥을 향해 눌리게 되며, 이때 종아리 근육이 너무 굳어있을 경우 아킬레스건을 무리하게 늘어뜨려 사용하게 되어 무리가 올 수도 있기 때문이다.

| 페이스주

페이스주(지속주)는 비교적 꾸준하고 일정한 속도로 달리는 훈련을 통칭한다. 다양한 훈련법이 이 분류에 속하나, 일반적으로는 조깅보다 빠르고 질주보다는 느린 속도로 진행한다. 마라톤 경기를 뛸 수 있으면서도 역량 내에서 좋은 기록을 낼 수 있는 속도이기 때문이다. 즉, 장거리를 달리며 낼 수 있는 빠른 속도. 그래서 도달하고 싶은 마라톤 기록 목표가 있다면 페이스주는 필수 훈련이 된다. 목표하는 레이스 페이스 또는 그보다는 약간 느린 페이스로 달려도 좋다.

페이스주는 조깅처럼 너무 느리지도, 스프린트와 같이 감당할 수 없이 빠르지도 않으므로 조깅이나 LSD 와 같은 저속의 지구력 훈련과 고강도 속도 훈련 사이의 연결 고리로 작용한다. 이 속도에서는 일반적으로 유무산소 대사가 함께 이루어지기에(존3~4) 심폐 지구력에 도전을 받으면서도 하체 근육도 피로를 느끼게 되는 것이 일반적이다. 힘든 수준은 10점 만점에 6~8점 정도 되며, 숨이 차므로 대화는 짧은 문장으로 제한된다.

이 훈련은 설정된 페이스로 비교적 긴 거리를 달리는 훈련이므로, 느낌만으로 달려서는 안 되며 실시간으로 페이스를 확인할 수 있는 웨어러블 기기의 도움을 받아야 한다. 그밖에도 풍경이 지나가는 속도와 같은 시각 정보에 대한 감각을 키우는 것도 필요하다. 연습하다 보면 페이스 감각이 몸에 익고, 레이스 중 속도가 급격히 떨어지는 것을 방지하면서도 마라톤에 필수적인 지구력을 키울 수 있다.

| 템포 런

 템포 런은 다른 운동들에 비해 운동 생리학적 개념이 엄밀하게 적용되는 훈련으로 다소 까다롭다. 우리 몸은 운동으로 혈액과 근육에 젖산염lactic acid이 쌓이면 이를 에너지원처럼 활용하면서 제거하게 되는데(젖산 셔틀 이론), 젖산염의 생성 속도가 제거 속도보다 걷잡을 수 없이 빨라지는 구간이 있다. 그때 몸이 급격하게 피로감을 느끼게 되면서 스피드와 파워가 급격히 떨어진다. 젖산의 생성 속도가 제거 속도보다 빨라지는 시점을 '무산소성 역치Anaerobic Threshold' 또는 '젖산 역치(LT2)'라 부른다.[46]

 템포 런은 바로 이 무산소성 역치에 근접한 수준에서 달리는 모든 러닝을 지칭한다. 젖산 역치에 가까운 속도로 달리면 젖산 처리 역량을 100% 활용하게 된다. 100%를 넘어서면 급격한 피로감을 느끼기에, 딱 그 임계점에서 찰랑거리면서 운동을 지속하는 것이다. 그러면 몸은 '꽤 힘드네. 이 정도 강도의 운동을 더 잘할 수 있도록 대사 시스템을 개선해'라는 신호를 받는다. 그 결과 점점 젖산 제거 효율이 좋아지는 적응adaptation이 발생하며, 몸이 퍼지기 시작하는 강도, 즉 끓는점이 높아진다. 결과적으로 빠른 페이스를 더 오래 유지할 수 있는 능력이 발달한다.

 템포 런은 너무 빨리 수행해도, 너무 느려도 효과를 제대로 얻을 수

---

[46] 운동 중 내쉬는 호흡량이 급격히 증가하는 지점인 환기 역치(VT2)를 기준으로 템포 런 페이스를 설정하기도 한다.

없기에 무산소성 역치 부근에서 훈련하는 것이 중요하다. 무산소성 역치가 발생하는 페이스를 정확히 알려면 피검사를 하거나 실험실에서 호흡 가스 분석을 통해 알아보아야 한다. 실제로 올림픽 출전 선수들은 채혈을 해가며 훈련한다. 그러나 이런 방식은 일반인에게는 사실상 불가능하다.[47]

템포 런을 어떤 페이스로 훈련하라고 딱 잘라 제시하기는 어렵지만, 일반적으로 10km 레이스 페이스보다 15~20초 느리게 수행한다. 참고로 세계적인 러닝 코치 잭 다니엘스Jack Daniels는 5km 레이스 페이스를 기준으로 약 15~20초 느린 페이스를[48], 올림픽 마라톤 금메달리스트 출신인 피트 피칭거Pete Pfitzinger는 하프 마라톤 페이스를 템포 런 페이스라 정의한다. 심박수 기준으로는 최대 심박수의 80~90% 수준으로 설정하는 것이 일반적이다. 젖산 역치가 꽤 높은 세계적인 장거리 선수들을 대상으로 한 연구[49]에서는 템포 런을 최대 심박수의 82~92% 강도로 반복 수행하는 훈련으로 정의했으니[50] 일반인은 그보다 하위 수준(80~85%)을 기준으로 잡아야 하지 않을까 싶다.

---

[47] 무산소성 역치가 발생하는 시점을 유추하기 위해 최대 심박수를 기준으로 몇 퍼센트의 강도로 운동하고 있는지 구간을 나누는 것이 '존 트레이닝'의 개념이다. 관련 내용은 다음 챕터에서 상세히 다룬다.
[48] 정확하게는 "5km 레이스 페이스보다 마일당 25~30 초 느리게" 라 표현하였다. 여기서는 페이스 단위를 킬로미터로 환산하였다.
[49] Arturo Casado et al., 「World-Class Long-Distance Running Performances Are Best Predicted by Volume of Easy Runs and Deliberate Practice of Short-Interval and Tempo Runs」, 『Journal of Strength and Conditioning Research』, 2021.
[50] 이 논문에서는 템포 런을 "총 운동 시간 기준 45분에서 70분 정도 지속되며, 1000m에서 5000m 사이의 구간을 최대 심박수의 82~92% 강도로 반복 수행하는 형태의 훈련"으로 정의하고 있다.

이처럼 혼란스러운 정의들 사이에서는 오히려 운동 자각도RPE나 '말 테스트'를 기준으로 페이스를 측정하는 것이 좋을 수도 있다. 숨이 가쁘긴 하지만 완전히 헐떡이지는 않는 상태, 짧은 단어로 말할 수는 있으나 문장은 어렵고 대화는 불가능한 정도, 10점 만점에 7~8점 사이의 강도로 느끼는 구간으로 달려보자.

템포 런의 지속 시간은 일반적으로 20~60분이나, 인터벌 방식으로 여러 세트로 쪼개 수행하거나(가령 10분씩 4세트), 통으로 수행하는 방식 등이 있다. 이는 각자의 운동 수준에 따라 다르게 계획해야 한다. 만약 회복하는 데에 너무 오래 걸린다면 강도 조절에 실패했을 가능성이 높다.

| 인터벌

고강도 구간과 회복 구간을 교차 반복하는 훈련 방식이다. 일정 거리 또는 시간 동안 빠르게 달린 후, 조깅이나 걷기, 가만히 휴식하기를 반복한다. 예를 들어, 200m를 40초에 달리고 나머지 200m는 천천히 조깅하거나, 400m를 8회 달리고 세트 사이에는 완전 휴식하는 식이다. 강도를 올렸다가 내리기를 반복하기만 하면 무엇이든 인터벌 운동으로 간주할 수 있다.

인터벌 러닝 예시

고강도 구간: 30초~5분 또는 200m~1200m

회복 구간: 고강도 구간과 같거나 조금 더 긴 시간 혹은 거리

반복 횟수: 4~10회

인터벌의 정의는 넓지만, 여기서는 협의의 고강도 인터벌을 이야기하고자 한다. 위에서 살펴보았던 템포 런이 젖산 역치 근처에서 기웃거리며 달리는 훈련이라면, 인터벌은 역치를 훌쩍 뛰어넘은 강도로 올라갔다가 내려오는 고강도 포인트 훈련의 일종이다. 인터벌 훈련은 짧은 시간 내 높은 훈련 효과를 얻을 수 있다는 점에서 매우 효율적인 운동 방식으로 꼽히며, 칼로리 소모량도 크다. 단, 강도가 높은 만큼 부상 위험도 커지므로 어느 정도 부하를 견딜 수 있는 근력이 준비되어 있어야 한다. 초보자가 인터벌 트레이닝을 하고 싶다면 강도를 낮추어서 수행한다. 훈련 시간이나 거리를 짧게 조절하고, 쉬는 시간이나 거리는 길게 조정한다. 휴식도 운동 강도를 조절하는 방법임을 참고하여 나의 피트니스 수준에 맞게 적용하면 된다.

크로스핏, 부트캠프, 서킷 트레이닝……. 언제나 시간 가난에 시달리는 현대인들에게 지속 시간은 짧고 운동한 느낌은 확실히 주는 고강도 인터벌 트레이닝HIIT 운동 방식이 유행한 지는 꽤 되었지만, 달리기 인터벌이야말로 HIIT의 근본이다. LSD나 젖산 역치 훈련도 당연히 최대 산소 섭취량을 일부 개선하지만, 최대 심박수의 90~95%까지 운동 강도를 높이는 HIIT야말로 최대 산소 섭취량 향상에 상당히 효과적이

다.[51] 최대 산소 섭취량은 운동 능력 측정의 가장 중요한 지표 중 하나로, 격렬한 운동 중 몸이 활용할 수 있는 산소량을 뜻하며 흔히 몸의 배기량에 비유된다. 산소 처리 능력이 뛰어날수록 더 적은 피로도로 빠르게, 멀리 달릴 수 있다는 사실은 이해하기 어렵지 않다.

그런데 고강도 훈련은 어떻게 최대 산소 섭취량을 개선할까? 고강도 인터벌이 최대 산소 섭취량 향상에 좋다는 건 기정사실처럼 이야기되고, 그럴 수밖에 없다고 가늠할 수는 있겠는데, 기전을 설명하는 자료는 거의 찾아보기 힘들었다.

고강도 훈련을 하면 우리 몸에는 굉장히 복합적인 적응이 일어난다. 심장이 강화되어 심박출량[52]이 증가하고, 온몸에 모세 혈관이 신생되며, 미토콘드리아의 양과 질도 개선되고[53], 젖산 제거 능력치도 향상될 것이다. 그러면서 전반적으로 산소 운반 및 이용 능력이 향상된다고 이해할 수 있다. 변인이 많이 개입하는 만큼 복합 시스템의 각 요소가 어떻게 정량적으로 최대 산소 섭취량 향상에 기여하는지는 현재 연구 수준에서 명확히 밝히기 어려운 부분이 있을 것이다. 기전을 설명하기보다는 '인터벌을 하면 최대 산소 섭취량이 개선된다'고만 표현하

---

[51] Jan Helgerud et al., 「Aerobic High-Intensity Intervals Improve VO$_2$max More Than Moderate Training」, 『Medicine & Science in Sports & Exercise』, 2007.
[52] 단위 시간당 심장이 박출하는 혈액량. 보통 분당 박출량으로 계산한다.
[53] 호주 멜버른 빅토리아 대학교의 데이비드 비숍(David Bishop) 교수 연구팀은 HIIT를 수행한 집단에서 미토콘드리아 양이 50% 증가하고, 기능이 40% 이상 향상되는 결과를 관찰했다. (참고: Cesare Granata et al., 「Mitochondrial Adaptations to High-Volume Exercise Training Are Rapidly Reversed After a Reduction in Training Volume in Human Skeletal Muscle」, 『The FASEB Journal』, 2016.)

는 경우가 많은 이유다.

HIIT가 운동 수행 능력과 대사 기능을 향상시키는 건 분명하다. 그러나 과유불급이라고, 장기간에 걸쳐 회복 기간 없이 여러 차례의 HIIT 운동을 수행할 시 오히려 대사 관련 지표들에 부정적인 영향을 줄 수 있다는 다소 도발적인 연구도 있다.[54] 이 연구는 4주간의 HIIT 훈련이 혈당 조절 능력을 10% 감소시키고 미토콘드리아 기능을 40% 저하시켜 운동 수행력 저하로 이어졌다는 결론을 내렸다.[55] 피험자들은 고정식 자전거에서 4~8분간 최대 강도로 HIIT 인터벌을 수행하고 3분간 휴식하는 세트를 5회 반복했는데, 2주간의 훈련 후에는 미토콘드리아 기능과 퍼포먼스가 향상되었다. 그러나 이후 운동 빈도와 시간을 늘려 주당 총 운동 시간이 약 90분에서 152분으로 증가하자 미토콘드리아 손상, 산화 스트레스, 기초대사율 저하 등 부정적인 변화가 관찰되었다. 이 연구는 과도한 HIIT가 오히려 대사 건강과 퍼포먼스를 해칠 수 있음을 보여주었는데, 일반인은 고강도 훈련을 과도하게 수행하는 경우가 많지 않기에, '강한 훈련에는 회복 시간이 필요하구나' 정도로 받아들이면 되겠다.

---

[54] Mikael Flockhart et al., 「Excessive Exercise Training Causes Mitochondrial Functional Impairment and Decreases Glucose Tolerance in Healthy Volunteers」, 『Cell Metabolism』, 2021.
[55] 두 연구 간 차이가 발생한 이유는 미토콘드리아 데이터를 분석한 방법 때문일 수 있다. 미카엘 박사의 논문은 근육 생검에서 분리한 미토콘드리아를 분석에 사용한 반면 비숍 교수팀은 투과화된 (permeabilized) 근육 섬유를 사용했다고 한다. (참고: Healthspan)

스프린트

러닝이 전국적 유행인 만큼 육상 트랙에도 초보 러너들이 많이 보인다. 그런데 초보 러너들 중 주위 빠른 러너들을 의식해서인지, 혹은 나도 바람을 가르며 달리고 싶다는 욕구가 들었는지 갑자기 폭발적으로 전력 질주하는 분들이 종종 있다. 아마 트랙을 돌고 있는 중고급자들은 그 모습을 보며 마음속으로 '나도 러닝을 잘 모를 때는 저랬지'라며 회상하거나, 감당하기 어려운 스피드를 낼 때의 부상 위험을 알기에 염려하고 있을 것이다.

스프린트 트레이닝은 짧은 시간(10~20초) 또는 거리(50~200m)를 최대 속도로 달리고, 그 후 긴 회복 시간을 가지는 방식이다. 여기에 소개된 모든 훈련 방식 중 가장 높은 속도로 달려야 한다. 스프린트는 혐기성 대사에 의존하기 때문에 달리기, 유산소 운동처럼 보이지만 근력, 무산소 운동의 카테고리가 더 적합하다. 그래서 하체 운동하는 날 leg day을 스프린트 훈련으로 갈음하는 운동인도 꽤 있다.

인터벌까지는 그렇다 쳐도, 단거리 주자들이 훈련할 법한 짧고 폭발적인 스프린트를 장거리 주자가 훈련해서 어떤 이득이 있는지 의문이 들 수 있다. 그러나 장거리 퍼포먼스는 단순히 심폐 능력만으로 결정되지 않는다. 근육이나 신경근육계가 얼마나 빠르고 강하게 힘을 낼 수 있는지도 무시할 수 없는 요소다.

실제 마라톤 레이스를 운영한다고 생각해보자. 장거리 코스 도중 근력 소모가 큰 언덕 하나 없는 경우가 얼마나 될까? 마지막 몇 킬로미터 구간에서 폭발적인 속도를 내는 데에도 스프린트 훈련이 도움이 된다. 피로한 몸을 이끌고 막판 스퍼트를 내보면 자화자찬에 엄격한 사람마저도 자신의 정신력에 감동받게 될 것이다. 또, 지근섬유와 속근섬유, 유산소 대사 시스템과 무산소 대사 시스템은 무 자르듯 완전히 분리되어 작동하지 않는다.

스프린트 훈련이 주는 의외의 효과는 바로 자세 개선이다. 조깅이나 LSD와 같은 느린 속도로만 달리면 무게 중심이 처지고 지면 접촉 시간이 길어지며 전반적인 달리기 탄력이 떨어지는 것이 습관이 되어 정작 레이스 페이스에선 자세가 어딘가 어정쩡해질 수 있다. 이를 개선하려면 스피드 훈련이 필요하다. 스피드 훈련의 극강인 스프린트 훈련에서는 무게 중심의 높임, 이동, 탄력, 짧은 지면 접촉 시간, 강한 팔치기와 큰 스트라이드를 내는 법을 모두 연습할 수 있다. 즉, 빨라지기 위해서는 빠른 달리기를 해야 한다.

파틀렉

엄격한 훈련 방식 사이에서 자유로운 느낌을 주는 파틀렉fartlek은 스웨덴어로 '속도 놀이'를 뜻하며, 빠른 속도와 느린 속도를 섞어 규칙 없이 자유롭게 강약을 조절하는 유연한 인터벌을 지칭한다. 인터벌 훈련처럼 구조화할 수도 있고 완전히 창의적인 나만의 규칙을 만들 수도 있다.

파틀렉 훈련을 소개하는 이유는 일단 재미있기 때문이다. 육상 트랙이 드문 환경에서 훈련법을 고민하다 고안된 방법[56]이기에, 야외 어디에서든 파틀렉 훈련을 할 수 있다. 예를 들어 '가로등부터 다음 가로등까지 전력 질주하고, 그 다음 가로등까지는 천천히 회복 조깅하자'와 같이 상당히 자율적으로 구성할 수 있다. 조금 양심이 없어 보이지만, 나는 '다음 편의점까지는 열심히 뛰자'는 식으로 운동한 적도 많다.

파틀렉은 회복 구간에서도 달리기를 멈추지 않고 속도만 조절하는 것이 특징이다(그래서 편의점을 들러서 무엇을 먹는다면 편의점 파틀렉은 파틀렉이 아니다. 편의점을 향한 질주일 뿐). 쉴 때도 멈추지 못한다는 점에서 마라톤 달리기를 체감하기 좋은 인터벌 방식이며, 변속하는 것도 몸에 익게 된다. 지형, 컨디션, 기분에 따라 자유롭게 달려보자.

---

[56] 스웨덴 코치 괴스타 홀메르(Gösta Holmér)가 스피드 훈련과 지구력 훈련을 한 세션에 포함시키기 위해 1930년대에 고안했다.

훈련명	개념/방법	목적	설명
조깅	편한 속도 (존2)로 달리기	유산소 능력 향상, 자세 교정	마라톤의 가장 기본적인 연습 방법으로 가장 자주 하는 트레이닝이다. 강도가 약하지만 유산소 운동 능력을 향상시키는 효과가 있다. 다른 강도 높은 훈련에 앞서 웜업으로 2~5km 정도 수행하기도 한다. 달리기 자세를 교정하려 할 때 조깅 페이스에서 연습한다.
LSD	조깅과 비슷한 속도로 40~180분 또는 20~30km 장거리 달리기	지구력 향상, 지방 대사 활성화	천천히 달린다는 점에서 조깅과 비슷하지만, 더 오랜 시간 훈련한다. 조깅과 거의 비슷하거나 조금 느린 속도가 적당하다. 일반적인 중급자 기준으로 1km당 6분 30초에서 7분 페이스로 달린다. 느리게 오래 달리기를 통해 달리기의 체력을 만드는 기본 훈련으로 심폐 지구력, 몸의 지방 연료 사용 능력을 길러준다.
페이스주 (지속주)	목표 레이스 페이스를 일정하게 유지하며 달리기	페이스 감각 향상, 경기 대비	페이스 유지 능력이 레이스 결과에 직결되므로 실전 감각을 익히는 데 매우 중요하다. 목표 페이스를 피트니스 트래커로 추적하며 달린다. 리듬과 시각 정보로 느끼는 페이스 감각도 중요하다.
템포 런	젖산 역치에 가까운 '약간 힘든' 페이스로 10~60분 정도 지속	지속적 고강도 능력 향상	유산소와 무산소 사이에서의 달리기를 통해 경계선 체력을 키우는 훈련이다. 유산소와 무산소의 경계(젖산 역치2 지점)에서 심박수가 움직여야 하므로 존3~존 4 달리기의 경계에서 이루어진다. 젖산 역치를 높여 빠른 속도를 더 오래 지속할 수 있게 해주는 훈련으로 레이스 기록 향상에 효과적이다. 일정 페이스를 유지하며 걷거나 쉬지 않고 전 구간을 달리는 것이 원칙이다.

훈련명	개념/방법	목적	설명
인터벌	고강도 달리기 + 회복 조깅을 교차 반복	심폐 지구력, 무산소성 능력, 스피드 향상	짧고 강한 구간과 회복 구간을 번갈아 훈련하는 방식을 통칭한다. 심박을 급격히 올리고 내리는 과정을 반복해 심장의 1회 박출량을 늘려 심폐 지구력을 높일 수 있으며, 짧은 시간 내에 강도를 높이며 훈련 효과를 극대화할 수 있어 시간 대비 효율이 높고 칼로리 소모도 크다. 시간, 거리, 강도를 자유롭게 조합할 수 있다.
업힐	경사 언덕 오르기	하체 근력, 무산소 능력 강화	오르막을 달리는 훈련은 모두 업힐 트레이닝으로 지칭할 수 있으나, 통상 짧은 구간(100~200m)을 전력 질주하는 속도의 70% 정도로 달리고 내려올 때는 천천히 조깅으로 내려오며 회복한다. 오르막에서의 달리기는 근력 운동에 가까우며, 강한 힘을 바닥에 전달하는 훈련이다. 케이던스 주법보다는 강한 밀어내기에 집중하며 넓은 보폭으로 달리는 스트라이드 주법으로 오른다.
스프린트	짧은 거리 전력 질주	파워, 근신경 자극	근력과 폭발적인 스피드 향상을 위한 고강도 훈련으로, 근육 피로와 부상 위험이 상당히 높다. 충분한 준비 운동은 필수이며, 근력이 부족한 초보자에게는 권장되지 않는다.
파틀렉	자유롭게 속도를 섞어 달리기	속도 변화 적응, 변속 능력 향상	규칙 없이 자유롭게 강약을 조절하는 유연한 인터벌을 지칭한다. 회복 구간에서도 달리기를 멈추지 않고 속도만 조절한다. 마라톤 달리기를 체감히기 좋은 인터벌 방식이며, 훈련을 구성하는 재미가 있다.

7 존 트레이닝을 적용한 훈련법

유산소 운동의 본질

유산소 운동과 무산소 운동을 가르는 기준은 숨이 차느냐 마느냐가 아니다. 운동 중 에너지를 생산하는 과정에서 몸이 산소를 재료로 사용하는지 여부가 두 운동을 가르는 기준이다.

우리 몸이 에너지를 만들어내는 방식, 즉 유산소성 대사와 무산소성 대사를 구분할 줄 알아야 유산소 운동의 본질을 파악할 수 있다. 표면적으로는 지루하다고 생각될 수 있는 내용이나, 우리 몸이 오랜 세월 동안 생존을 위해 진화시켜온 시스템들이 이렇게까지 정교하다는 사실에 감탄하면서 흥미롭게 읽게 되기를 바란다.

본문에 서술된 내용은 현재까지 통용되는 운동 생리학 담론을 기반으로 정리했다. 단 생리학은 끊임없이 새로운 발견이 이루어지는 역동적인 분야이며, 나의 전공 분야가 아니기에 깊은 학문적 이해에는 한계가 있다는 점을 미리 밝혀둔다. 이 책의 목적은 복잡한 연구 내용을 대중적 수준에서 이해하기 쉽게 풀어내는 데 있다. 일반인이 이해할 수 있도록 어느 정도 단순화하고, 비유와 결합해 유산소 운동과 무산소 운동의 기전을 설명하고자 한다. 따라서 제시된 내용보다 생리학적으로 더 복잡한 기전이 있고, 향후 새로운 연구 결과에 따라 변경될 여지가 있다는 점을 감안하며 읽어주시기를 바란다.

그러면 우리 몸의 에너지 합성 과정과 관련된 전반적인 지형을 파악해 보자.

에너지 화폐

우리 몸에도 일종의 화폐가 존재한다. 모든 세포와 생명 활동(근육 수축, 신경 전달, 세포 분열, 물질 합성 등)은 에너지를 필요로 하는데, 각각의 활동에 맞는 에너지를 복잡하게 구분하지 않고 모든 세포가 공통으로 이해하고 사용할 수 있는 표준화된 에너지를 사용한다. 바로 아데노신 삼인산ATP이다. 우리가 입속으로 탄수화물을 넣든, 지방을 넣든 간에 모두 ATP로 변환되어 에너지화된다. 놀라운 사실은 우리 몸이 매일 체중만큼의 ATP를 생성하고 소비하며 재활용한다는 점이다.[57] 몸은 언제나 ATP 생성을 위해 끊임없이 노력하고 있고, 이를 위해 다양한 에너지 생성 경로를 진화시켰다. 운동 강도에 따라 가장 활발하게 작동하는 엔진의 종류만 달라질 뿐 모든 엔진들은 항상 함께 돌아간다.

무산소성 엔진과 유산소성 엔진

산소를 사용하는 ATP 생성 과정은 비교적 오래 걸리지만 ATP를 많

---

[57] 성인의 몸에 존재하는 총 ATP 양은 대략 0.10mol/L 정도에 불과하다. 하지만 하루에 약 100~150mol/L의 ATP가 필요하다. 이는 각 ATP 분자가 하루에 약 1000번에서 1500번 정도 재활용된다는 의미다. ATP는 필요할 때마다 즉시 합성되고 분해되는 고회전율 물질로, 성인 남성 기준 하루에 약 50~75kg 분량이 끊임없이 만들어지고 소비된다. ATP의 일일 생산량이 킬로그램 단위로 표현되는 것은 물리적 질량을 가진 분자인 ATP가 특정 시점에 존재하는 양이 아니라 하루 동안 생성되고 분해되는 총량을 합산한 비유적인 표현이다. (참고: 「ATP」, Physiopedia)

이 만들어낸다. 반면, 산소를 사용하지 않는 과정은 빠르지만 효율이 낮고, 장시간 사용하기 어렵다는 특징이 있다. 무산소성 엔진은 이름 그대로 산소 없이 작동하여 에너지를 만드는 시스템이다. 인원질 시스템, 젖산 시스템이 무산소성 엔진에 해당한다.

인원질 시스템: 순간적인 폭발력

가장 고급 연료인 인원질 시스템phosphagen system[58]은 마치 로켓의 부스터처럼 근육 속에 아주 소량만 저장된 에너지를 이용해 극도로 짧은 시간 동안 폭발적인 힘을 낸다. 약 10초 이내의 최대 강도 운동, 예를 들어 단거리 달리기의 출발 순간이나 역도처럼 순간적인 힘이 필요한 상황에서 주로 작동한다. 이 엔진은 가장 빠르게 에너지를 공급할 수 있지만, 연료통이 매우 작아 금세 바닥을 드러낸다. 이때 탄수화물이나 지방은 직접적으로 쓰이지 않고 이미 만들어져 있는 ATP와 빠르게 ATP를 만들어 낼 수 있는 크레아틴 인산이 사용된다. ATP-PC 시스템이라고도 한다.

젖산 시스템: 빠르고 강력한 파워

신체가 ATP를 빠르게 생성해야 할 때는 산소를 사용하지 않는 경로를 통해 젖산염을 만들어내는 대사 시스템이 작동한다. 이를 젖산

---

[58] 가장 빠른 ATP 생산 시스템으로, 크레아틴 인산(PC)에서 인산그룹 기증과 에너지 방출로 ADP(아데노신 이인산)를 ATP로 전환(PC+ADP → ATP+C)한다. 이 반응은 크레아틴 키나제에 의해 촉진된다. (참고: Scott K. Powers, 『파워 운동생리학』, 사이플러스, 2025.)

7 존 트레이닝을 적용한 훈련법

시스템lactate system 또는 무산소성 해당과정anaerobic glycolysis이라고 한다. 이 경로에서는 포도당이 세포질에서 분해되어 피루브산pyruvate을 생성하며, 산소가 부족한 환경에서는 피루브산이 젖산염으로 전환되면서 ATP가 함께 생성된다.[59] 해당과정 자체에서는 포도당 1분자당 총 4개의 ATP가 만들어지지만 그중 2개는 과정 중 소비되므로, 순수한 ATP 생성량은 2개다.[60]

이 시스템은 인원질 시스템보다는 생성 속도가 느리지만, 더 오랜 시간 동안 ATP를 공급할 수 있다. 일반적으로 약 15초에서 90초 사이의 고강도 활동에서 우세하게 작용한다. 예컨대 200m 전력 질주, 격렬한 인터벌 훈련, 단시간에 최대 근력을 요하는 운동 등에서 주요 에너지원이 된다.

무산소 해당과정은 단기적이고 고강도인 퍼포먼스에 적합하며, 장시간 지속하는 운동에서 주요하게 사용하기에는 너무 고비용 고출력의 에너지 시스템이므로 무산소보다는 유산소 시스템이 우리가 사용하는 에너지 대부분을 생성하게 된다.

유산소성 에너지 시스템

유산소성 에너지 시스템은 인체의 세 가지 주요 에너지 생성 경로

---

[59] 피루브산은 젖산염으로 전환되고, 이와 동시에 ATP 가수분해 과정에서 수소 이온(H^+)이 생성된다. 젖산염 자체는 근육 수축에 거의 영향을 미치지 않지만, 수소 이온(H^+)의 증가(즉, pH 감소 또는 산증)가 골격근 피로의 고전적인 원인으로 알려지게 되었다. 그러나 최근 연구들은 이를 반박하고 있다.

[60] 포도당 + 2ADP + 2Pi + 2NAD$^+$ → 1피루브산 + 2ATP + 2NADH + 2H$^+$ + 2H2O

중 가장 느리지만, 가장 효율적이며 지속적인 에너지 공급이 가능하다. 이 시스템은 산소를 필수적으로 사용하며, 탄수화물, 지방, 소량의 단백질을 산화시켜 ATP를 생성한다. 에너지 대사는 근육 세포 내의 미토콘드리아에서 주로 이루어진다.

해당과정에서 생성된 피루브산은 산소가 부족할 때는 젖산염으로 전환되고, 산소가 충분할 때는 미토콘드리아로 이동해 아세틸-CoA로 전환된 뒤 유산소성 에너지 시스템을 활성화한다. 이 과정을 들여다보자면 미토콘드리아로 진입해 아세틸-CoA로 전환된 피루브산이 크렙스 회로를 거쳐 이산화탄소로 완전 분해되고, 전자 전달계를 통해 약 30~32개의 ATP가 생성(이론상 최대 38개)되는 순서다.[61] 이런 대사 작용이 미토콘드리아 내에서 이루어지므로, 미토콘드리아 건강이 곧 대사 건강이라는 말이 나오는 것이다.

유산소 시스템은 중·저강도 활동에서 우세하게 작용하며, 장거리 달리기, 사이클링, 수영, 하이킹 등과 같은 지속적인 유산소 운동에서 주요 에너지원이 된다. 이 경로는 산소를 필요로 하지 않는 무산소 시스템들보다 ATP 생성 속도는 느리지만, 단위 기질당 생성 가능한 ATP 양은 훨씬 많아 장시간의 활동을 꾸준히 유지하게 해준다.

일상적인 움직임이나 장시간 지속되는 신체 활동의 대부분은 유산

---

[61] 더 자세히 살펴보자면, 크렙스 회로는 ATP 생성을 위한 재료(NADH, $FADH_2$)를 만드는 공장이고 미토콘드리아의 넓은 내부 공간(기질)에서 작동한다. 전자 전달계는 그 재료들을 이용하여 실제로 ATP를 대량 생산하는 발전소이고, 미토콘드리아의 내막에 위치하여 에너지를 효율적으로 변환할 수 있게 한다. 전자 전달계에서 일어나는 핵심 과정은 산화적 인산화로, 전자의 산화 과정에서 방출되는 에너지를 사용해 ADP에 인산기를 붙여 ATP를 인산화하는 과정이다.

7 존 트레이닝을 적용한 훈련법

소 시스템에 의존한다. 순간적으로 폭발적인 힘이 필요한 활동에서는 무산소 시스템의 기여가 커지지만, 우리 몸이 장기적으로 생명 활동을 유지하는 데 기반이 되는 것은 결국 유산소 대사다.

| 트레이닝 존과 달리기

달리기를 처음 배우러 오는 사람들은 약간은 긴장한 얼굴로 등장한다. 여기에는 '내가 잘 뛸 수 있을까?', '같이 뛰는 사람들에게 폐만 끼치는 것 아닐까?', '너무 힘들어서 포기하면 어떡하지? 같은 걱정들이 깔려 있다. 달리기가 단일한 개념이 아니라 넓은 스펙트럼임을 알고 나면 우려는 금세 사라진다. 언어는 사고를 지배해서, 같은 파란색 안에도 얇거나 차갑거나 뜨겁거나 무거운 색이 있다는 개념을 이해하면 색을 이해하는 맥락이 달라진다. 달리기의 여러 색을 알지 못하면 우리가 할 줄 아는 달리기는 '숨이 차고 힘든 달리기' 하나에 국한될 것이다. 그러나 존 트레이닝의 개념을 공부하고 나면 모든 달리기가 제 나름의 정당성을 부여받는다.

트레이닝 존training zone이란 심박수를 여러 단계로 구분하여 운동 강도를 표시하는 방법이다. 달리기, 사이클과 같은 유산소 운동을 즐긴다면 한번쯤 들어본 적이 있을 것이다. 3개[62] 혹은 5개의 존으로 나누

---

[62] 3가지 존 구분 방식을 사용할 경우, 존1은 LT1 미만, 존2는 LT1과 LT2 사이, 존3은 LT2 초과 구간으로 설정된다. 5가지 존 모델을 3가지 존으로 나누어 보면, 존1·2 / 존3 / 존4·5로 구분할 수 있다.

는 것이 가장 일반적이며, 경우에 따라 7개로 나누기도 한다. 이 책에서는 5가지 존 구분법을 사용하도록 하겠다.

<mark>왜 심박수를 기준으로 운동 강도를 구분하는가?</mark> 심박수가 높아질수록 더 힘든 강도인 건 직관적으로 알 수 있는 사실이다. 그렇다면 존1, 존2와 같이 구간을 구분하는 기준은 어떻게 설정된 것일까? 앞서 살펴본 다양한 에너지 시스템 중 우세하게 쓰는 시스템이 바뀌는 생리학적 전환점을 기준으로 구간을 나눈 것이다. 생리학적 전환점은 환기 역치Ventilatory Threshold, VT와 젖산 역치Lactate Threshold, LT로 주로 관찰되는데, VT는 호흡량 급증, LT는 혈중 젖산염 농도 급등이 관찰되는 지점을 의미하며, 운동 부하에 대한 근·심폐계의 반응을 종합적으로 반영한다. LT와 VT는 다른 개념이므로 두 역치가 발생하는 지점이 완벽히 일치하지는 않으나, 일반인 기준 둘이 같다고 해석해도 무방하다.[63] 트레이닝 존은 이들 역치를 중심으로 정의된 운동 강도 구간을 심박수로 환산해 표현한, 일반인을 위한 쉬운 언어라 볼 수 있다.

앞서 살펴본 다양한 달리기 훈련법들은 훈련 다양성을 위해 변주를 주라는 맥락에서 소개되었다. 같은 이야기를 운동 생리학적 관점에서

---

[63] 두 역치는 서로 다른 현상을 측정하지만 일반적으로 비슷한 시점에 나타난다. 일부 연구에서는 젖산 역치와 환기 역치가 동일하게 나타나지 않을 수 있다고 보고하는데, 젖산의 생성과 이산화탄소의 발생이 정확히 일치하지 않을 수 있기 때문이다. 특히 운동선수의 경우 두 역치 간 간격이 뚜렷하게 벌어질 수 있다는 보고가 있다. 그럼에도 불구하고 두 역치는 모두 운동 강도에 대한 신체의 중요한 반응을 나타내며, 훈련 강도 설정 및 운동 능력 평가에 유용하게 활용된다. (참고: Gregory Karapetian et al., 「Use of Heart Rate Variability to Estimate LT and VT」, 『International Journal of Sports Medicine』, 2008.)

7 존 트레이닝을 적용한 훈련법

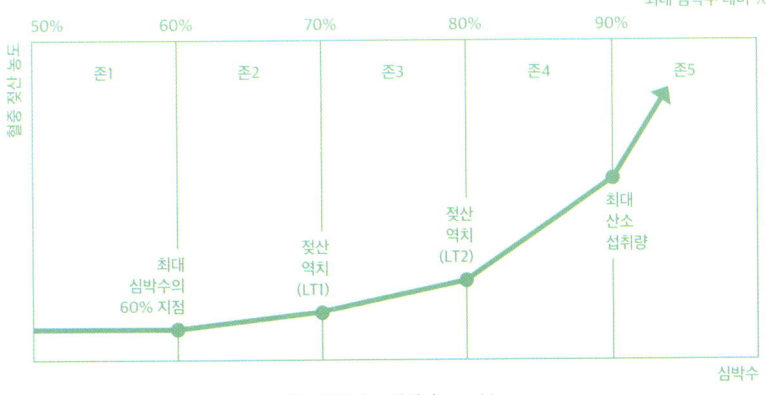

젖산 역치와 트레이닝 존 구분

하자면 여러 트레이닝 존을 넘나들며 운동하라는 것이다.

| 나의 트레이닝 존 알아보기

존 트레이닝은 최대 심박수에 대한 백분율을 기준으로 운동 강도를 나누는 훈련 방식이므로 존을 계산하려면 먼저 자신의 최대 심박수를 알아야 한다. 최대 심박수는 운동 중 심장이 1분 동안 최대로 뛸 수 있는 횟수, 즉 신체가 감당할 수 있는 심박수의 한계다. 당연히 개인차가 날 수밖에 없다. 그래서 최대 심박수를 보다 정확히 추정하기 위해 다양한 공식들이 제시되어 왔다. 그러나 공식이 아무리 정교해져도 가장 정확한 방법은 전문적인 운동 부하 검사를 통해 직접 측정하는 것이며, 추정치는 모두 오차와 한계를 갖는다.

따라서 여기서는 논의를 단순화하기 위해 가장 기본적이고 널리 사용되는 공식인 '220 - 나이'를 기준으로 삼고자 한다. 나이가 변인으로 사용되는 이유는 일반적으로 최대 심박수는 나이가 들수록 감소하기 때문이다. 또한 여성의 최대 심박수는 남성보다 높은 경향이 있어 가민에서는 여성에게 '226 - 나이' 공식을 적용한다. 최대 심박수는 심장의 물리적인 한계를 나타내는 지표이므로 훈련으로 크게 변화하지 않는다고 여겨진다. 이렇게 구한 최대 심박수를 기준으로 운동 강도를 구분한다.

최대 심박수를 기준으로 나눈 운동 존이 실제 체감 강도와 잘 맞는 경우도 있지만, 잘 맞지 않아 스트레스를 받는 러너들도 있다. 예를 들어 주관적으로는 말하기 어렵지 않은 정도의 편안한 강도, 즉 존2 수준으로 달리고 있다고 느끼는데 막상 측정된 심박수는 존4로 매우 힘든 강도의 구간에 해당하는 경우가 있다. '왜 나는 그 좋다는 존2로 달릴 수 없을까?' 고민하게 되는 것이다. 체력 수준이 낮아서 조금만 뛰어도 힘든 구간으로 넘어가는 사람들도 있겠지만, 달릴 때 편안했는데도 높은 심박 구간이 지속적으로 나타난다면 최대 심박수를 기준으로 계산한 존 구분이 잘못되었을 가능성도 있다.

이후 서술은 편의를 위해 최대 심박수를 기준으로 하겠지만, 최대 심박수 외의 기준으로 운동 강도 구간을 구분하는 방법을 소개하고자 한다. 바로 젖산 역치 심박수Lactate Threshold Heart Rate, LTHR로 미국의 유명 철인 3종 코치 조 프리엘Joe Friel[64]이 고안한 개념이다. 최대 심박수는 심박수 존을 설정하는 절대적인 기준점이지만, 젖산 역치 심박수는 개인의 실질적인 능력을 반영하는 지표로 개인의 역량에 따른 존 트레이닝 영역을 보다 정확히 계산하게 해준다. 일반적으로 젖산 역치 심박수를 기준으로 한 존의 강도가 최대 심박수를 기준으로 계산한 존의 강도보다 높은 편이며, 피트니스 수준이 높을수록 이 차이는 더 벌어진다.

젖산 역치 심박수를 측정하는 법은 간단하다. 30분 타임 트라이얼 Time Trial, TT 방식으로, 워밍업 후 30분 동안 레이스를 하듯 전력으로 달린다. 단, 오래 유지할 수 없는 최고 속력이 아닌 30분 내내 최대한 빠르게 달릴 수 있는 속도로 달린다. 후반부 20분 동안의 평균 심박수에 0.95를 곱한 것이 젖산 역치 심박수다. 30분 동안의 타임 트라이얼이 익숙하지 않은 사람은 페이스 조절 능력이 들쭉날쭉해서 수치의 정확도가 떨어질 수 있다. 달리기 훈련을 지속하며 6주마다 한 번씩 측정하고 결과를 살피면 더욱 정확한 값이 나올 것이다.

트레이닝 존을 기준으로 각 존에서의 달리기 훈련이 어떤 특성을 갖는지 살펴보기 전에, 트레이닝 존을 해석할 때는 다음 사항에 유의해야 한다.

- **에너지 기질 사용은 상대적이며 중복된다**
  편의상 주 에너지원을 지방 혹은 탄수화물로 단순화하여 구분하였지만, 실제 신체 대사에서는 두 가지 에너지원이 대부분 동시에 사

64 1980년부터 운동선수들을 훈련시켜 온 미국의 저명한 트라이애슬론 코치이자 작가다. 특히 심박수 및 파워 미터 기반의 훈련법을 대중화하는 데 크게 기여했으며, 저서 『The Triathlete's Training Bible』은 지구력 스포츠 훈련의 교과서로 여겨진다.

최대 심박수 기준 존	Zone 1	Zone 2
젖산 역치 심박수 기준 존		
용도	적극적 회복	유산소 지구력 기반 만들기, 대사 효율 향상
훈련	가벼운 조깅, 걷기	조깅, 장거리 달리기(LSD), 인터벌 운동 사이 회복 구간
최대 심박수 대비 %	50~60%	60~70%
젖산 역치 심박수 대비 %	85% 미만	85~89%
환기 역치 기준	VT1 미만	VT1 미만 또는 부근 (호흡 가속 시작)
젖산 역치 기준	LT1 미만 (젖산 < 2 mmol/L)	LT1 부근 (젖산 < 2 mmol/L)
에너지 시스템	유산소성 대사 (지방 대사 우세)	유산소성 대사 (지방+탄수화물)
말 테스트	대화 매우 수월	문장 단위 대화 가능
운동 자각도 (0~10)	1~2	2~3
권장 훈련 시간	20~45분 (고강도 훈련 후 회복 훈련으로 활용)	주 2~4회, 각 45~120분 (주 150분 이상 권장)

트레이닝 존별 특성

7 존 트레이닝을 적용한 훈련법

Zone 3	Zone 4	Zone 5		
		존 5a	존 5b	존 5c
템포, 강도 높은 지구력 훈련, 유산소 역량 확장	역치 향상(준 역치 운동)	무산소 지구력 (역치 초과)	최대 산소 섭취량 향상	신경근 파워
템포 런, 인터벌 운동 사이 회복 구간(빠른 회복)	젖산 역치 인터벌, 빠른 지속주, 트랙 훈련	최대 산소 섭취량 인터벌, 전력 스프린트, 고강도 서킷 트레이닝		
70~80%	80~90%	90~100%		
90~94%	95~99%	100~102%	103~106%	106% 초과
VT1~VT2 사이	VT2 부근 (호흡 급격히 증가)	VT2 초과 (과호흡, 말 불가)		
LT1와 LT2 사이 (젖산 2~4 mmol/L)	LT2 부근 (젖산 ≥ 4 mmol/L)	LT2 초과 (젖산 급격히 축적)		
혼합 대사 (유산소 +무산소성 해당작용)	무산소성 해당작용 (젖산 생성) + 일부 유산소성 대사	ATP-PC 시스템+ 무산소성 해당작용		
대화 다소 어려움, 짧은 문장 가능	단어 정도만 가능	말 불가능		
4~6	7~8	9~10		
주 1~2회, 20~40분 (웜업, 쿨다운 제외)	주 1회, 10~20분	주 1회, 30초~3분 반복		

용된다. 어떤 연료의 사용 비중이 더 우세하다는 의미이며, 하나의 연료만 독점적으로 사용된다는 뜻은 아니다.

- **목표 심박수는 절대치가 아닌 범위로 이해해야 한다**
  트레이닝 존을 구분할 때 사용하는 최대 심박수 대비 비율에는 연구 기관, 과학자, 장비 제조사마다 차이가 있다. 제시된 내용을 절대적인 기준으로 삼기보다는 범위 개념으로 유연하게 해석해야 하며, 자신의 생리적 반응과 체감 강도를 함께 고려해야 한다.

- **권장 훈련 시간은 절대 기준이 아니다**
  각 존에서의 훈련 지속 시간은 훈련 사례를 바탕으로 한 경험적 가이드라인이다. 개인의 훈련 상태, 목적, 회복 능력에 따라 실제 권장 시간은 달라질 수 있다.

- **심박은 운동 강도 외 요인의 영향을 받는다**
  심박수는 다양한 외부 요인의 영향을 받는다. 카페인 섭취, 탈수, 수면 부족, 감정 상태, 고온 환경, 피로 누적 등이 실제보다 심박수를 높게 만들 수 있다. 이로 인해 주관적인 피로감은 낮음에도 심박수만 기준 존에 진입해 있는 경우 그 존의 훈련 자극을 충분히 얻지 못할 수 있다.

Zone 1: 웜업, 리커버리

존1은 트레이닝 존 중 가장 낮은 강도의 영역이다. 일반적으로 최대 심박수의 50~60% 범위에 해당하며, 주관적 운동 자각도 기준으로 10점 만점에 약 1~2점 정도로 매우 가벼운 수준의 활동이다. 이 강도에서는 호흡이 편안하고, 완전한 문장으로 쉽게 대화할 수 있으며, 운동하고 있다는 느낌조차 들지 않을 수 있다. 너무 쉽게 느껴져 '운동한 것 같지 않다', '아무런 이득이 없을 것 같다'는 생각이 들 수도 있다. 그래서 일부 트레이너는 '죄책감 존guilty zone'이라 부르기도 한다.

강도가 현저히 낮기 때문에 이 존에서 아무리 오래 운동해도 달리기 속도나 근력, 최대 산소 섭취량이 눈에 띄게 좋아지지는 않아 운동으로서 아주 유의미한 효과를 안겨주는 심박 구간은 아니다. 그렇지만 꼭 모든 날 힘들게 운동할 필요는 없고 그래서도 안되므로, 존1도 나름의 쓸모가 있다. 운동을 하고는 싶은데 몸이 회복을 필요로 할 때, 동적인 회복active recovery으로 기능할 수 있다. 존1에서의 훈련은 고강도 훈련으로 지친 근육에 신선한 혈액과 산소를 공급하고 대사 노폐물을 효과적으로 제거하는 데 도움을 준다. 운동 생리학적으로 몸이 다음번에 강도 높은 자극을 받아들일 준비를 하도록 돕는 과정인 셈이다.

존1 운동은 얼마든지 해도 되지만 어차피 일반인은 선수들처럼 적극적인 회복이 필요하지 않기 때문에 완전히 생략해야 한다는 관점도 있다.[65] 일리가 있으나, 모든 운동을 힘들게 해야 한다는 편견은 의욕 넘치는 사람마저도 언젠가 좌절시킬 수 있기에, 어떤 날은 단지 완전히 편안한 운동을 스스로에게 허용할 때도 있어야 한다고 생각한다.

존1은 존2와 하나의 구간으로 묶이기도 할 만큼 대사적으로는 비슷하게 지방을 에너지원으로 사용한다. 따라서 체지방 감소나 체중 유지에 도움이 될 수 있으나, 강도가 워낙 낮기에 지방 연소를 목적으로 존1을 사용하려면 정말 오랜 시간 운동해야 한다. 만성적인 시간 부족에 시달리는 현대인에게는 부담이 될 수 있다. 격렬한 훈련 사이사이에 존1 운동을 포함하는 것은 오버트레이닝을 방지하고 부상 위험을 줄이며, 장기적으로는 운동 능력을 꾸준히 발전시키는 데 기여한다.

Zone 2: 가장 순수한 형태의 유산소 운동 구간

모든 존에서의 달리기는 유효하지만, 가장 유산소적인 운동은 존2 달리기다. 이 구간의 달리기는 어느 정도 운동 강도가 있지만, 턱끝까지 숨이 차지는 않으며 오랜 시간 운동을 지속할 수 있는 가벼운 느낌이다. 흔히 '노래를 부를 수는 없지만 옆 사람과 대화는 할 수 있는 상태'로 묘사된다. 달리기에서는 대체로 조깅 페이스 또는 LSD 훈련 페이스가 존2 구간이다. 일반적으로 최대 심박수의 60~70% 범위에 해당한다.

휴식 상태부터 존2까지는 신체가 에너지를 사용하기 위해 주로 지

---

65 『질병 해방』의 저자 피터 아티아가 이러한 관점이다.

방에 의존한다. 지방은 효율적인 에너지원이지만 대사되기 위해서는 산소가 필요하다. 존2는 유산소 상태에서 무산소 상태로 전환되는 일종의 에너지원 교차점(VT1, LT1)을 넘지 않으면서 최대 수준의 노력을 하는 구간이라고 볼 수도 있겠다. 이렇게 역치 바로 밑에서 찰랑거리며 운동하게 되면 지방을 더욱 효과적으로 에너지원으로 사용하는 몸이 되며, 근섬유(특히 지근섬유) 내 미토콘드리아의 수가 증가하고 기능이 향상되며 젖산염을 처리하는 능력도 개선된다. 물론 젖산 역치 자체를 크게 높이는 데는 더 고강도의 훈련이 필요하지만, 존2 훈련도 그에 기여할 수 있다는 점을 참고하자. 존2 구간 내에서 장시간 달리기를 하여 근력과 혈관 밀도가 증가하고 전반적인 지구력과 속도가 향상되면, 심장이 강화되어 심박출량이 증가하고 안정 시 심박수가 개선되는 등 전반적인 심폐 기능도 향상된다.

존2 훈련은 모든 유산소 운동 프로그램의 필수적인 부분으로, 심지어 유산소 훈련을 전문적으로 하는 선수들도 전체 유산소 트레이닝의 약 70~80% 이상을 존2 훈련으로 채운다. 사이클, 수영, 마라톤 등 유산소 종목 선수들은 모두 존2 훈련을 우선으로 운동하고 있다는 뜻이다. 단, 선수들은 최대 심박수가 높으므로 그들의 존2 운동 강도는 일반인에 비해 엄청나게 높다. 우리는 존2 운동을 하면서 '선수들이 이렇게 편하게 훈련한다고?' 싶을 수 있지만, 우리의 존2와 그들의 존2가 완전히 다른 운동처럼 보일 것이라는 점은 참고해야 한다.

존2 운동을 대중에게 알리기 시작한 건 콜로라도대학교 의과대학의 운동 생리학 교수인 이니고 산 밀란Iñigo San Millán[66]으로, 스포츠 과학과 운동 생리학 분야에서 세계적으로 주목받는 전문가다. 운동 능력 향상과 대사 건강, 특히 미토콘드리아 기능과 젖산 대사에 대한 연구로 잘 알려져 있다. 그는 약 30년 전부터 미토콘드리아 기능을 퍼포먼스의 핵심으로 보며 미토콘드리아 기능을 향상시키는 최적의 운동 강도가 무엇인지 연구했는데, 혈액 샘플로 운동선수들의 젖산염을 측정해 미토콘드리아 기능을 가장 향상시키는 운동 강도 구간을 발견했다. 젖산염 수치를 리터당 2밀리몰mmol/L 미만으로 유지하면서 지속할 수 있는 가장 높은 운동 강도가 바로 그 구간이다.[67] 수치로 살펴보면 대략적으로 1.7~1.9 mmol/L 정도다.[68] 그는 이러한 존2 훈련이 프로 사이클 선수부터 운동을 즐기는 아마추어까지 누구에게나 유산소 기반을 만드는 데에 가장 도움이 된다는 결론을 냈다.

단, 이니고 산 밀란은 존2를 심박수가 아닌 젖산 수치 및 미토콘드리아 기능을 기준으로 정의했다. 그는 '실험실에서의 테스트 없이는 당신의 존2가 어디인지 알 수 없다'고 차갑게 말할 정도로 심박수 구간으로 존2를 정의하는 데에 회의적 관점을 가지고 있다. 어떤 전문가들은

---

[66] 이니고 산 밀란은 운동 능력 향상과 대사 건강, 특히 미토콘드리아 기능과 젖산 대사에 대한 연구로 잘 알려져 있다. 현재 미국 콜로라도대학교 의과대학 교수로 재직 중이며, 당뇨병, 심혈관계 대사 질환, 암 등의 질병과 관련된 세포 대사를 연구했다. 세계 랭킹 1위이자 투르 드 프랑스 우승자 타데이 포가차르의 개인 코치로도 활동했다.

[67] 초보 러너들에게는 이 기준이 정확하지 않을 수 있다. 휴식 시 젖산 농도는 개인마다 차이가 크며, 어떤 이는 이미 2mmol/L에 가깝거나 더 높을 수도 있다. 또, LT1을 결정하는 운동 강도는 검사 방법과 프로토콜에 크게 영향을 받는다. 초보자는 절대적 기준을 적용하기보다 휴식 시 혈중 젖산염 농도와 운동 개시 후 농도를 비교하고, 다른 지표들도 산입하는 등 더 정교한 측정이 필요하다.

[68] Peter Attia, 「Iñigo San Millán, Ph.D.: Zone 2 Training and Metabolic Health」, Peter Attia - MD, 2019. 12. 23.

7   존 트레이닝을 적용한 훈련법

심박수는 참고만 해야 하며 대화 테스트나 운동 자각도가 심박수 구간보다 더 정확하다고 말한다.

자신의 최대 심박수를 정확히 모르는 사람들을 위한 존2 심박수 추정 방법으로 필 마페톤Phil Maffetone의 MAF 180 공식이 있다. 180에서 자신의 나이를 빼는 간단한 방식이다. 50세라면 180에서 50을 뺀 130bpm을 존2 심박수의 대략적인 상한선으로 보는 것이다. 비숙련자, 즉 일반인의 경우 계산된 값에서 약 10을 빼고, 숙련자는 그대로 산출한다. 고급 숙련자의 경우 계산된 값에서 약 5~10을 더해 최종값을 산출한다. 가령 팟캐스트에서 필 마페톤을 인터뷰하며 이 공식을 소개한 피터 아티아는 180에서 나이(50세)를 뺀 값은 130bpm이지만, 자신의 뛰어난 컨디션을 고려하여 10~15를 더해 약 140~145bpm을 존2 심박수로 설정한다고 한다.

그렇다면 존2에서 얼마나 자주, 몇 분 동안 훈련해야 할까? 운동을 거의 하지 않던 사람이라면 시간과 관계없이 운동을 시작하는 것만으로도 건강에 도움이 된다고 말하는 전문가도 있고, '최소 20분'과 같이 수치를 언급하는 전문가도 있다. 가장 흔히 언급되는 유산소 운동의 권장 시간은 미국 심장 학회 가이드라인에 따른 주당 150분이다. 정확히는 일주일에 최소 150분에서 최대 300분의 중강도 운동 또는 75분에서 150분의 고강도 운동이 권장된다.

반면, 이는 평균 수준의 건강을 위한 보수적인 숫자일 뿐이며 만성 질환을 예방하고 수명을 연장하기 위해, 혹은 미토콘드리아 건강을 유의미하게 개선하기 위해서는 주당 최소 300분을 운동해야 한다고 주장하는 전문가도 있다.[69] 어쨌든 일반인들이 이처럼 높은 수준의 운동 시간을 충족시키려면 가능한 한 자주 운동해야 한다는 것은 분명하다.

이니고 산 밀란을 예로 들면 그는 존2를 특히 강조하는 코치인 만큼 높은 수준의 존2 운동량을 권장한다. 한 세션의 길이가 최소 45분 이상, 이상적으로는 1시간에서 1시간 30분 정도여야 미토콘드리아 기능을 대변하는 중요한 두 지표인 지방 산화 능력과 젖산 제거 능력이 모두 향상된다고 한다. 다소 가혹하지만, 이렇게 운동하더라도 주 1회 정도만 운동하면 나이가 들면서 미토콘드리아 기능이 저하될 가능성이 크다고 본다. 존2 유산소 운동을 우회하고 다른 운동을 열심히 하는 사람들 또한 같은 운명에 처해 있다. 보디빌더나 고강도 운동만 하는 사람들이 조금씩 모든 종류의 운동을 하는 사람들에 비해 미토콘드리아 기능이 매우 떨어진다는 지적이다. 주 2회 운동은 상태 유지에는 도움이 되고, 주 3회부터는 눈에 띄는 개선이 발생하며, 주 4회 이상부터 확실히 이상적인 횟수라는 것이다.

하지만 운동을 거의 해본 적 없는 사람이라면 아무리 존2라도 처음부터 1시간 이상 훈련하기는 어려울 수 있다. 처음에는 20분, 30분, 40분부터 시작하며 점진적으로 훈련 시간을 늘려나가 결국 1시간 걷기 또는 달리기를 할 수 있도록 몸을 적응시켜야 할 것이다. 만약 달리기를 조금만 해도 숨이 너무 찬다면 뛰고 걷기를 반복하며 강도를 조

---

[69] Kenichi Iwasaki et al., 「Dose-response relationship of the cardiovascular adaptation to endurance training in healthy adults: how much training for what benefit?」, 「Journal of Applied Physiology」, 2003.

7 존 트레이닝을 적용한 훈련법

절하거나, 빠르게 걷거나 경사진 곳을 걷는 것도 도움이 된다. 경사도나 속도는 자신의 존2 영역에 맞춰 개인화해야겠지만, 만약 러닝머신 위에서 운동을 한다면 10~15도의 경사에서 시속 4~4.8km(혹은 그보다 느리게)로 걷는 것으로 시작하는 것도 좋다. 초보자의 경우 주당 총 120분을 목표로 운동한다.

| Zone 3: 복합 구간 혹은 경주 페이스

최대 심박수의 70~80% 구간인 존3는 유산소성 운동과 무산소성 운동이 결합되는 영역이다. 심폐 지구력 및 근지구력 향상에 효과적인 강도이며, 러닝에서는 일반적으로 '템포 페이스' 또는 '경주 페이스'로 분류된다. 이 강도에서의 트레이닝은 비교적 높은 체감 강도를 유발하여 편안한 운동 강도를 벗어난 느낌을 주지만, 그렇다고 지속이 불가능한 수준은 아니다. 말하기 테스트 기준으로는 짧고 불완전한 문장으로 대화가 가능한 강도로 정의된다. 일반인에게는 존3 영역에서의 심박수가 달리기 대회에 나갔을 때의 실전 강도와 매우 유사하다.

젖산 역치 LT1과 LT2 사이 구간에 존재하는 이 구간은 실질적으로 사람들이 가장 많이 운동하는 구간이지만, 일부 전문가들은 다소 가혹하게 '버리는 구간'으로 정의하기도 한다. 피터 아티아는 "인생은 존1, 존2, 존5에서 이루어진다"고 표현했을 정도다. 존3가 비효율적인 훈련 강도로 간주되는 이유는 최적의 생리적 적응을 유도하기에는 어딘가 애매한 위치에 있기 때문이다.

　우선 존3는 존2보다 강도가 높아 유산소성 대사 비중이 낮은 구간이다. 즉 지방 산화 효율이 감소하고 에너지원으로서 탄수화물의 의존도가 증가한다. 반면 존2는 미토콘드리아 기능 및 지방 대사 능력을 극대화함으로써 유산소 기반을 만들기에 더 적합하다. 따라서 동일한 시간 대비 유산소 시스템의 적응 효과를 추구할 경우, 존2의 끝 구간 fatmax[70]이 존3보다 나은 선택지다.

　한편 존3는 젖산 역치나 최대 산소 섭취량을 효과적으로 향상시키기에는 자극 미달이다. 고강도 훈련인 존4~5는 젖산 제거 능력 및 심폐계의 최대 적응을 유도하는 반면, 존3는 그러한 자극을 제공하기에는 강도가 낮은 데다 피로 누적도는 적지 않다. 어차피 시간도 투자하고, 힘들기도 할 거라면 차라리 효과가 확실한 존5로 훈련을 하라는 논리다. 사람들이 경주 페이스인 존3에서 너무 많은 훈련 시간을 보내는데, 그러면 몸에 불필요한 피로가 축적되어 정말 중요한 고강도 훈련(존4, 5)이나 충분한 회복(존1, 2)에 부정적인 영향을 미칠 수 있다는 것이다.

　나는 그런 논리에도 상당히 공감하지만, 달리기의 재미를 주는 구간은 존3라고 느껴서 그렇게까지 불필요하게 여길 필요는 없다는 생각이다. 존3는 운동의 양과 강도를 모두 놓치지 않고 싶을 때 유용할 수 있다. 또, 위 논리를 뒤집어서 말하면 존3는 존2보다 단위 시간당 더

---

70 운동 중 지방 산화율이 가장 높은 지점을 의미하며, 보통 중등도 강도에서 나타난다. 이 지점에서 신체는 에너지원으로 지방을 최대한 활용하게 되며, 개인의 훈련 상태와 대사 특성에 따라 팻맥스에 해당하는 강도는 달라질 수 있다.

많은 칼로리를 소모하고, 더 많은 유산소 및 무산소 능력을 필요로 하며, 더 많은 속근섬유를 활성화한다. 따지자면 존2가 최우선, 존5가 차선, 그리고 나머지는 자유롭게 운동하면 되지 않을까 싶다.

존3의 애매한 특성 때문에 존3를 전체 훈련에서 완전히 배제하는 양극화 훈련polarized training과 존3를 포함하는 피라미드 훈련pyramid training 방식으로 훈련법이 나뉘기도 한다.

양극화 훈련은 낮은 강도와 높은 강도로만 훈련하고, 중간 강도 훈련을 의도적으로 최소화하는 방식이다. 그래서 저강도(존1~2) 훈련과 고강도(존4~5) 훈련을 중심으로 구성된다. 전체 훈련 시간의 약 80% 이상을 저강도 훈련에 할애하고 나머지를 고강도 훈련에 배분하는 것이 일반적이다. 반면 존3와 같은 중간 강도 영역은 회색 지대grey zone로 간주한다. 훈련 효과 대비 피로도가 높기 때문이다. 양극화 훈련은 특히 심폐 지구력이 중요한 지구력 종목(러닝, 사이클링, 크로스컨트리 스키 등)에서 엘리트 선수들을 대상으로 과학적으로 입증되고, 또 널리 채택되고 있는 방법이다.

양극화 훈련 방식의 핵심 목적은 두 가지다. 첫 번째는 존2에서의 충분한 저강도 운동을 통해 미토콘드리아 기능, 지방 산화 능력, 모세혈관 밀도 등 유산소 기반을 최대한 강화하는 것이다. 두 번째는 짧지만 강도 높은 존4, 5 훈련을 통해 젖산 역치 상승, 최대 산소 섭취량 증가, 운동 퍼포먼스 향상 등을 극대화하는 것이다. 고강도 훈련의 질을 유지할 수 있도록 피로 누적을 방지하며, 회복을 촉진하는 효과도 있다.

다만 중간 강도 훈련은 실제 경기 강도와 유사한 경우가 많기 때문에 레이스 페이스를 익힐 때와 같이 목적에 따라서는 존3 훈련의 필요성도 있다. 또, '운동한 느낌'을 내고 싶은 수많은 일반인 러너에게 대부분의 운동을 아주 쉽게 수행해야 하는 트레이닝은 심리적 만족감이 낮을 수 있다.

피라미드 훈련은 가장 많은 시간을 낮은 강도에서 보내고 중간 강도 훈련을 그보다 적게, 고강도 훈련은 가장 적게 수행하는 접근법이다. 다양한 강도에서 골고루 훈련하는 데 초점을 둔다.

피라미드 훈련은 가장 대중적으로 사용되는 훈련 방식이자 자연스럽게 실천하는 형태이기도 하다. 낮은 강도에서 점진적으로 훈련 강도를 높여가며 다양한 에너지 시스템을 고르게 자극하고, 운동 강도에 따른 적응을 유도하는 데 유리하다. 특히 유산소 기반 강화뿐만 아니

기준	양극화 훈련	피라미드 훈련
정의	저강도 + 고강도 중심	저강도 > 중강도 > 고강도
존3 활용	최소화	일정 비중 확보
적합 대상	고급자, 퍼포먼스 중심	입문자~중급자, 페이스 적응 중시
장점	효율적 에너지 시스템 적응, 회복력 우수	다양한 능력 균형 발달, 심리적 몰입 용이
단점	중간 강도 활용 어려움, 적응 초기 진입 장벽	피로 대비 효과 비효율 가능성

양극화 훈련과 피라미드 훈련

라 중간 강도에서의 근지구력과 심폐 지구력, 젖산 역치 훈련[71]까지 포함하여 전반적인 능력을 균형 있게 향상시키는 데 도움이 된다. 특히 마라톤 대회를 염두에 둔 러너라면, 레이스 중에 오래 머무르게 될 존3 구간을 아예 배제하는 건 말도 안된다고 생각할 수도 있다.

사실 양극화 훈련과 피라미드 훈련의 구분이 과연 유효한가에 대한 논란은 진행 중이다. 두 훈련법을 비교하는 많은 연구에서 존을 나누는 방식에 약간의 변화만 주어도 두 방식 간의 구분이 모호해지는 경우가 많기 때문이다. 『인듀어』의 저자인 알렉스 허친슨Alex Hutchinson은 운동의 전반적인 목표에 따라 분류하면 양극화 훈련처럼 보이지만, 실제 심박수 존에서 보낸 시간을 기준으로 분류하면 피라미드 형태가 나타난다는 관점도 제시한 바 있다. 아울러 운동 선수들은 훈련량이 엄청나기에 편안한 강도로 운동하는 시간이 비교적 더 많아야 하는 반면, 일반인들은 강도를 내기 위해 중간 강도에서 머무르는 시간이 필요하므로 그러한 차이도 고려해야 한다. 결국 변화하는 몸 컨디션과 때에 따라 바뀌는 운동 목표를 참작하여 두 가지 방식을 다 시도하는 것이 중요하겠다.

---

[71] 일정 거리를 최대한 빠르게 달리는 훈련 방식인 타임 트라이얼 트레이닝 등이 있다.

Zone 4: 무산소성 체력 향상, 속도 지구력 훈련

숨이 헐떡이고 힘든 강도로, 대화는 불가하며 고작 한두 단어 정도 내뱉을 수 있는 구간이다. 최대 심박수의 80~90%에 해당한다. 역치 훈련 또는 FTP Functional Threshold Power 훈련이라고 불리며[72], 신체 능력을 한계점까지 끌어올리는 데 중점을 둔다.

이 강도에서는 신체가 최대한의 젖산염을 연료로 처리하고 있으나 젖산염 생산량이 처리량을 넘어서기 시작한다(LT2 지점). 훈련을 통해 신체가 이러한 강도에 적응하게 되면 젖산염을 에너지원으로 재활용하는 능력치가 향상된다. 고강도 운동 시 속근섬유는 무산소 대사를 통해 젖산염을 빠르게 생산하고 이 젖산염은 지근섬유로 이동하는데, 이를 에너지원으로 사용하는 능력, 즉 미토콘드리아의 산화 능력이 향상되면서 젖산염을 더 빠르고 효율적으로 연료로 전환할 수 있게 되는 것이다.[73] 그 결과 몸은 더 높은 강도에서도 젖산염 농도를 안정적으로 유지하거나 빠르게 제거할 수 있으며, 이는 고강도 운동을 더 오래 지

---

[72] FTP는 한 시간 동안 운동을 유지할 수 있는 가장 강한 강도를 말한다. 존4 트레이닝은 FTP 기준 90~105%에 해당하는 강도다.
[73] 이러한 설명은 젖산 셔틀 이론을 기반으로 하고 있다. 젖산 셔틀 이론은 젖산염이 단순한 피로 유발 물질이 아니라 우리 몸의 근육과 기관 사이를 순환하며 재활용되는 중요한 에너지원임을 설명한다. 고강도 운동을 할 때 속근섬유는 무산소성 대사를 통해 젖산염을 대량으로 만들어낸다. 생성된 젖산염은 혈관을 통해 즉시 운반된다. 이처럼 젖산이 생산되는 근육과 소비되는 근육 사이를 오가는 과정을 젖산 셔틀이라고 한다. 운반된 젖산염은 지근섬유와 같이 미토콘드리아가 풍부한 곳으로 전달된다. 미토콘드리아는 젖산염을 받아 유산소성 대사 과정을 통해 에너지로 변환한다. 존4와 같은 고강도 훈련은 이 시스템의 효율을 높여 젖산염을 더 빠르게 처리하고, 피로를 늦추며, 결과적으로 고강도 운동을 더 오래 지속할 수 있게 만든다.

속하는 기반이 된다. 즉 운동 시 쌓이는 젖산염을 처리하는 능력이 좋아지므로 피로가 늦게 찾아온다.

존4 훈련은 속근섬유가 폭발적인 힘을 내는 것을 넘어 더 유산소적인 성질을 가지도록 변화시키는 자극이 된다.[74] 그래서 단거리 선수는 존4 훈련을 지양하는 경우가 있으나, 일반인이 존4 운동을 피할 이유는 없어 보인다.[75]

존4 훈련은 강도가 높기 때문에 장시간 지속하기보다는 인터벌 또는 블록 형태로 진행한다. 총 훈련 시간은 보통 3~20분 사이이며, 길게는 45분까지 이어지기도 한다. 대표적인 예시로는 역치 강도로 4분 운동하고 휴식하는 것을 8회 반복하는 '4x8' 인터벌, 20분 동안 역치 강도를 유지하는 것을 두 번 반복하는 '2x20' 인터벌 등이 있다. 역치보다 약간 높은 강도와 낮은 강도를 번갈아가며 진행하는 방식도 존 4 훈련의 효과를 극대화하는 좋은 방법이다. 심폐 지구력을 극적으로 향상시키는 것으로 유명한 노르웨이 4x4 훈련법도 있다. 이 훈련은 4분간 최대 심박수의 85~95% 강도로 운동한 뒤, 3분간 가벼운 회복 운동을 하는 것을 4회 반복하는 방식으로 구성된다. 훈련 강도가 존 4와 존 5의 경계에 걸쳐 있으므로, 첫 인터벌에서는 주로 존4에 머물지만 반복이

---

[74] 속근섬유의 유형을 당분해형(Type IIb/ IIx)에서 산화형(Type IIa)으로 전환시키는 데에 기여한다고 알려져 있다.

[75] INSCYD, 「The Ultimate Guide to Zone 4 Training (Threshold Training): Science, Strategy, and Application」
Zhen Yan et al.,「Regulation of exercise-induced fiber type transformation, mitochondrial biogenesis, and angiogenesis in skeletal muscle」, 『Journal of Applied Physiology』, 2011.

거듭될수록 심박수가 상승하여 존5에 도달하게 된다. 이처럼 존4의 지속성과 존5의 최대 강도를 결합하는 방식은 최대 산소 섭취량을 가장 효율적으로 끌어올리는 효과가 있다고 알려져 있다.

Zone 5: 무산소성 체력 향상, 최대 파워 및 스피드 훈련

존5는 최대 심박수의 90~100%에 해당하는 훈련 구간이다. 최대 노력 구간 maximal effort zone 또는 VO₂max 구간이라고도 불린다. 대화는커녕 숨을 헐떡이며 한 마디도 내뱉기 어려울 만큼 강도가 높다. 유산소 시스템이 감당할 수 없을 정도로 에너지를 빠르게 소비하므로 대부분 무산소성 대사에 의존하게 되며, 이로 인해 젖산염이 폭발적으로 생산되고, 피로가 매우 빠르게 찾아온다. 짧고 굵은 훈련이지만, 몸에 상당한 충격을 주므로 훈련으로부터 얻을 수 있는 신체 적응 효과 또한 크다. 심혈관, 대사, 근신경계 측면에서 몸의 역량이 성장한다.

심혈관 측면에서 고강도 훈련은 심장과 폐에 엄청난 부담을 안겨주며 빠르게 혈액을 공급하도록 압박한다. 이 과정에서 심장은 더 강하게 수축하도록 적응하고 1회 박출량 stroke volume을 증가시킨다. 이로 인해 결국 심박출량이 증가한다. 또한 존5 운동은 혈관 내피세포 증식을 촉진하고 모세 혈관 성장을 유도하여 혈류를 개선하는 것으로 나타났다. 모세 혈관이 많아지고 혈류가 개선되면 몸의 산소 처리 능력과 젖산염 처리 능력도 함께 개선된다. 존2와 존5는 상호 보완적임을 느낄 수 있는 대목이다.

존5 운동은 근육의 산소 활용 능력과 심폐 시스템의 역량을 동시에 극한까지 끌어올려 최대 산소 섭취량을 높이는 데 크게 기여한다. 최대 산소 섭취량은 유산소 능력, 심폐 건강, 그리고 특히 지구력 스포츠에서의 신체적 수행 능력을 나타내고, 수명과도 관련이 큰 지표다. 운동 중 우리 몸이 흡수, 운반, 그리고 에너지 생산에 사용할 수 있는 산소의 최고량을 의미한다. 운동 강도가 증가해도 산소 섭취량이 더 이상 늘지 않고 한계에 도달하는 지점, 즉 신체의 최대 유산소 능력이다. 존5 운동이 심박출량을 증가시켜 근육으로 더 많은 산소를 운반할 수 있게 하고, 산소 전달 통로인 모세 혈관 밀도를 높여 심폐 시스템을 개선하니 유산소 능력이 향상되는 것이다.

대사 기능 개선도 고강도 훈련의 뚜렷한 효과다. 고강도 운동으로 글리코겐 저장량이 빠르게 고갈되면 근육의 포도당 흡수 능력이 증가한다. 이는 혈당 수치를 안정시키고 몸의 글루코스 활용 능력을 높여 준다.[76] 또한 고강도 인터벌 훈련은 인슐린 민감성을 높이고 근육의 산화 능력oxidative capacity을 증가시키는 효과가 있다. 저강도 유산소 훈련과 마찬가지로 고강도 훈련 또한 미토콘드리아의 기능과 수를 향상시키는데, 구체적으로는 고강도 훈련이 미토콘드리아 생합성을 촉진하는 단백질 PGC-1α의 발현을 증가시키는 것으로 나타났다.[77]

근신경계 측면에서는 고강도의 폭발적인 노력이 속근섬유를 집중

---

[76] Martin Gibala et al., 「Physiological adaptations to low-volume, high-intensity interval training in health and disease」, 『The Journal of Physiology』, 2012.

적으로 활성화한다. 이는 단위 신경당 더 큰 운동 단위를 동원하도록 근신경계를 훈련시켜 근력과 파워를 증가시키게 된다.

가장 직관적인 존5 훈련법은 스프린트 인터벌 트레이닝SIT, 즉 전력 질주 훈련법이다. 10~30초간 전력 질주한 뒤, 1~4분 동안 완전히 휴식하거나 아주 느린 속도로 조깅한다. 만약 전력 질주하기가 아직은 무섭다면 다른 유산소 훈련 기구(실내 자전거, 스키에르그 등)를 활용하는 것도 방법이다. 또 다른 인기 많은 훈련법은 30-30 훈련법이다. 최대 강도로 30초 훈련 후, 나머지 30초 동안은 쉬거나 걷기, 조깅으로 회복한다. 위에서 살펴보았던 4×4 트레이닝도 많은 사람들에게 사랑받는 대표적인 존5 훈련법이다.

존5 운동은 짧은 시간 안에 강도 높게 훈련할 수 있기에 효율적이다. 그러나 신체에 큰 부담을 주기 때문에 부상 위험이 높으며, 충분한 회복 시간과 낮은 강도 운동과의 균형이 필수적이다. 초급자는 신체적으로 이 강도로 훈련할 준비가 되어 있지 않을 수 있다.

존5에서 부상 없이 할 수 있는 운동이 있다면, 심혈관 및 호흡 시스템을 극한까지 활용하여 신체의 유무산소 능력을 크게 향상시킬 수 있다. 특히 존5 운동은 무산소 시스템을 활성화하여 짧은 시간 내에 에너지를 빠르게 공급하며, 빠르고 강력한 움직임을 만들어내는 기능 체력 면에서 신체적 능력을 발달시켜 줄 수 있다. 폭발적인 운동인 만큼 아

---

77 Simran Mahatme et al., 「Impact of high-intensity interval training on cardio-metabolic health outcomes and mitochondrial function in older adults: a review」, 『Medicine and Pharmacy Reports』, 2022.

7 존 트레이닝을 적용한 훈련법

드레날린과 성장 호르몬의 분비를 촉진하여 근육 강화와 회복을 돕고, 운동 후에도 높은 대사율을 유지해 칼로리 소모를 증가시키는 효과도 이 구간의 장점으로 꼽힌다.

존5 훈련과 같은 폭발적 스트레스를 신체로 버텨내는 것은 단순히 몸만 단련하지 않는다. 불편함을 견디는 능력과 정신적인 회복탄력성까지 높여준다. 도전적인 과제를 마주했을 때 끝까지 해낼 수 있는 마음의 힘도 생기는 것이다.

8 초보자를 위한 훈련법

| 나무늘보처럼 달리기

스탠포드대학교의 신경과학자 앤드류 후버먼 교수는 주말마다 나무늘보가 그려진 티셔츠를 입고 편안한 페이스로 장거리 달리기를 한다고 팟캐스트에서 말한 적이 있다. 나무늘보 티셔츠는 '나는 원래는 이것보다 빠르지만 의도적으로 천천히 달리고 있다', 그리고 '빠르게 지나가는 당신들의 페이스에 휘말리지 않겠다'는 자기 다짐이자 다소 귀여운 의식처럼 보인다.

헬스장에는 시선을 의식해 능력보다 무거운 무게를 드는 에고 리프팅 ego lifting이 존재하듯, 달리기를 하다 보면 내 옆을 지나가는 사람들이 너무나도 빨라 보이고, 거의 걷는 속도로 뛰는 내가 초라해질 때가 있다. '나도 저 정도는 뛸 수 있잖아' 하는 마음에 남들의 속도에 휘말리면 얼마 못 가 숨을 헉헉 몰아쉬게 될 것이다. 나에게 맞는 훈련을 하는 사람이 가장 잘하는 것이라는 단단한 잣대가 있어야 한다. 그리고 주변의 빨리 뛰는 사람에 대해 열등감을 가지지 않아야 한다. 그 사람에게도 유독 빠르게 뛰는 날이었을 수도 있고, 노력의 결과로 만들어낸 속도이기도 하다. 이 점을 이해하며 경쟁하려 하지 말고 '부럽다' 수준의 감상으로 관둬야 한다. '갓 러닝을 시작한 내가 어떻게 빠를 수 있겠어', '시간이 걸릴 뿐 발전할 거라고 믿어' 하는 생각을 반복해 가며 '에고 러닝 ego running'으로부터 멀어져야 하는 것이다.

운 좋게도 "저는 안 그런데요" 말하는 사람도 있겠지만, 남과 자주 비교하며 스스로에게 가혹한 사람이라면 달리기에서만큼은 '오늘은 느리게 달리는 날이니까' 생각하며 충분히 느리게 달리는 마음 다스림이 필요할 것이다.

초보자가 의욕을 관리해야 하는 이유는 의욕이 너무 앞서면 러닝에 흥미를 잃게 되고, 이것이 생각보다 많은 러너가 중도에 포기하게 되는 요인이기 때문이다. 철학을 처음 공부하는 사람이 마음만 앞서 헤겔부터 읽는다면 계속 철학을 공부하고 싶을까? 마찬가지로 능력치보다 큰 목표를 세우고 역량을 넘어서는 훈련을 반복하다 보면 기대만큼 달리지 못하는 자신을 보며 효능감이 크게 떨어지고, 결국 흥미를 잃게 된다.

누구나 새로운 배움에 숙련되면서 성취감을 느낄 수 있는 적절한 구간이 있다. 보통 '약간 어렵지만 노력하면 도달할 수 있는 수준'이 그러한 구간이다. 초보자가 남들도 이 정도는 뛴다면서 갑자기 5km를 30분 안에 달리겠다는 목표를 세우면 큰 좌절을 겪을 수 있다. 페이스가 8, 9, 10분대여도 괜찮으니 우선은 한계 내에서 달려야 한다.

| 시간 기준으로 달리기

5km, 10km 레이스, 21km의 하프마라톤, 42.195km 의 풀마라톤까지. 러너의 세계에서는 달리기를 흔히 km 단위로 이야기하므로 초보 러너들은 으레 "그러면 저는 일주일에 몇 번씩 몇 km 정도 달려야 할까요?"라 묻는다. 거리로 목표를 세우는 것도 좋지만, 초보자는 다른

방식으로 접근하는 것이 좋다. 자신이 빠르게, 보통으로, 느리게 뛰는 페이스가 어느 정도인지 감각이 충분히 형성되지 않은 초보자들은 거리를 기준으로 목표를 잡으면 페이스가 들쭉날쭉해지고, 특히 빨리 거리를 채우고 싶은 마음에 후반부에 오버페이스하기 쉽다.

초보자라면 거리보다는 시간을 기준으로 삼는 것을 추천한다. 그러면 애당초 현실적인 목표를 잡게 될 가능성이 높아 달성률이 올라가며, 페이스도 더 느긋하고 일관되어질 것이다. 또 다른 장점은 바쁜 일상생활 속에서 달리기에 할애할 시간을 정확히 계획하여 뛸 수 있기에 달리기가 특수한 사건이 아닌 습관의 일부로 자리 잡기 수월해진다는 점이다.

시간은 통으로 잡아도 되고, 쪼개서 인터벌식으로 설계해도 좋다. 예를 들어 '오늘은 안 쉬고 13분을 뛰어 봐야지', '2분 뛰고 1분 걷기로 총 30분 달려야지' 등의 방식으로 계획하는 것이다. 스스로 프로그램을 설계하는 것이 부담이라면, 런데이Runday 등 달리기 프로그램과 오디오 안내가 있는 어플을 사용하는 방식도 있다.

그럼에도 거리를 목표로 잡고 뛰는 성취감을 느끼고 싶다면 일단 3km 정도를 뛰어본다. 3km가 어느 정도 할만해지면 5km로 늘린다. 거리를 조금씩 늘리되 오버페이스를 주의하며 달리도록 하며, 비슷한 속도로 달리는 친구나 러닝 크루와 함께 훈련하는 것도 도움이 될 수 있다.

두 가지 달리기 전략

달리기 코치에는 두 가지 유형이 있다. 초보자들에게 걷기부터 시작하거나 중간 중간 충분히 휴식하라고 보수적으로 조언하는 사람과 어차피 초보자는 다 힘드니 그냥 뛸 수밖에 없다고 말하는 사람이다. 존 트레이닝의 개념을 막 배워 자신이 아주 느리게 뛰어도 존4 구간이 되어 버린다는 것을 알게 된 초보자들은 두 가지 조언 사이에서 갈팡질팡한다. 결론적으로는 두 조언 모두 옳다. 초보 러너는 두 가지 전략을 번갈아가며 수행하면 된다.

첫 번째 전략은 확실히 강도를 낮추어 뛰는 것이다. 초보자라면 아주 느리게 달려도 심박수가 치솟을 수 있으므로 유산소 역량이 충분히 올라오기 전까지는 심박수 컨트롤이 어렵다. 이 경우, 전략적으로 중간중간 쉬어주거나 빠르게 걸으며 목표 심박수에 맞춰 달린다. 속도에 집착하기보다는 심박수를 적정 수준으로 유지하고, 꾸준히 운동하면서 부상 없이 점진적으로 심폐 기능을 향상시키는 데 집중한다.

두 번째 전략은 초보자의 러닝은 어차피 힘들다는 것을 받아들이고 자유롭게 뛰는 것이다. 초보자의 러닝이 힘든 것은 단순히 체력이 부족해서만은 아니다. 몸의 에너지 시스템과 산소 활용 능력, 운동 강도에 영향을 주는 생리학적 지표들이 아직 발달하지 않았기 때문이다. 유산소 역량이 어느 정도 올라오기 전까지는 존2를 넘어서는 훈련을 할 수밖에 없다. 역량의 그릇이 아직 작으니 그릇이 커질 때까지는 물이 넘칠 수 밖에 없는 것과 같다. 숨이 차오르는 건 어느 정도 받아들이며 달릴 필요가 있다는 뜻이다. 숨이 차고 심박이 꽤 올라가는 현상은 어느 정도 감안하고 뛴다.

첨언하자면, 요즘 '슬로우 조깅'이라는 말이 소셜 미디어에 부쩍 많이 보이기 시작했다. 초보자는 물론 중고급자에게도 편안한 페이스에서 달리는 훈련은 중요하다. 다만 현재는 초보지만 진지한 러너로 도약하고 싶은 마음이 있다면, 부상 위험이 없는 선에서 '슬로우 조깅' 외의 훈련을 조금씩 시도할 필요가 있다. 초급자와 중급자 사이에 있는 러너인데 스스로 '나는 초보자'라고 단정지으며 발전을 회피하고 슬로우 조깅으로 도피하고 있는 것은 아닌지도 살펴봐야 한다.

| 부상 없이 5km를 달리기 위한 플랜

한번도 5km를 뛰어본 적 없는 초보자가 4주의 훈련 기간 동안 부상 없이 5km를 뛸 수 있는 체력을 만들기 위한 구체적인 훈련 계획을 소개한다. 초보자 달리기 수업을 운영해 온 경험을 바탕으로 만들었으며, 걷기와 달리기, 조깅 지속주, 초보자를 위한 LSD를 조화롭게 활용하여 하체 근육과 유산소 체력을 단련하는 것을 목표로 삼고 있다.

달리기에 입문한 초보자들은 다른 운동을 하지 않고 달리기만 하는 경우가 많은데, 기본적인 근력이 있고 유연한 편이라면 달리기에만 집중하는 것이 가능하겠지만, 운동을 거의 안 해봤고 달리기를 첫 운동으로 시작한다면 체력의 구성 요소(근력, 근지구력, 유연성, 심폐 지구력,

신체 조성 등)가 하향 평준화된 상태일 확률이 높다. 그런 경우 부상 예방을 위해 훈련 기간 동안 근력 운동과 스트레칭도 꾸준히 하는 것이 중요하다. 훈련 방법은 다음과 같다.

- 각 주 차의 플랜 중 3개를 골라 주중에 실천한다. 가능하면 다양한 플랜을 수행하며 운동 부하에 변주를 주고, 내 몸을 파악하는 시간을 갖는다.
- 걷기를 트레이닝으로 취급하며 힘차게 걷는다.
- 훈련 간격이 너무 벌어지지 않도록 가급적 꾸준히 훈련한다.
- 스트레칭은 전신에 걸쳐 수행하는 것이 이상적이나, 시간이 없다면 하체 스트레칭에 집중한다. 스트레칭해야 하는 부위는 둔근, 허벅지 앞쪽, 햄스트링(허벅지 뒤쪽), 종아리, 정강이, 발바닥 등이다. 특히 운동 직전 혹은 전날에 필요할 때마다 한다. 어떤 스트레칭을 할지 모르겠다면 유튜브에 업로드된 차리 호킨스Chari Hawkins의 17분짜리 '러너를 위한 홈 스트레칭Home Stretching Routine for Runners' 영상을 추천한다. 하체의 모든 근육 부위를 골고루 풀어줄 수 있다.
- 달리기 시 통증이 발생한다면 그 자리에서 바로 스트레칭을 하고, 그 후에도 통증이 발생하면 걷기 운동으로 대체한다. 걷기 시에도 통증이 있다면 운동을 중단한다.
- 자유 플랜이 들어간 이유는 개인에게 발생할 수 있는 변수를 고려하여 계획에 여유를 주기 위함이다. 시도하고 싶은 달리기 계획이 있거나, 그날 컨디션 혹은 달리기 코스에 제시된 훈련이 적합하지

않거나, 친구와의 달리기 약속 등이 있다면 자유롭게 적용한다.

[1주 차]

달리기 플랜

A. 걷기 40~60분

B. 걷기 10~20분 + 조깅 5~10분, 1~2회 반복

C. 걷기 5~10분 + 조깅 10~20분

D. 조깅 인터벌: 1~3분 걷기, 30초~3분 뛰기, 4~8회 반복

E. 자유 플랜

운동 플랜

각 1~3세트씩 주 2~4회 반복한다.

- 스쿼트 홀드 (30~60초)
- 힙 브릿지
- 햄스트링 컬, 햄스트링 브릿지
- 장요근 운동
- 종아리 운동 (카프 레이즈)
- 스트레칭

[2주 차]

달리기 플랜

A. 걷기 40~60분

B. 걷기 10~15분 + 조깅 5~12분, 1~3회 반복
C. 걷기 10분 + 조깅 15~30분
D. 조깅 인터벌: 걷기 5분 + 1~5분 조깅, 3~6회 반복
E. 자유 플랜

운동 플랜
- 지난주 운동 복습
- 싱글 레그 니 벤트 힐 리프트 홀드, 니 익스텐션, 힐 클릭 (10. 달리기를 위한 근력 운동 참고)
- 스트레칭

[3주 차]

달리기 플랜
A. 달리기 3~5분 + 걷기 30초~2분, 4~8회 반복
B. 달리기 10분 + 걷기 3~5분, 1~3회 반복
C. 달리기 12~15분 + 걷기 1~5분, 1~3회 반복
D. 달리기 20분 + 걷기 3~10분, 1~2회 반복
E. 자유 플랜

운동 플랜
- 1~2주 차 운동 복습
- 박스 호흡 연습 (12. 호흡 능력 테스트하고 훈련하기 참고)

- 스트레칭

[4주 차]

달리기 플랜

A. 달리기 5분 + 걷기 1~2분, 4~8회 반복
B. 달리기 8~10분 + 걷기 1~3분, 1~3회 반복
C. 달리기 12~15분 + 걷기 1~5분, 1~3회 반복
D. 거리주 3~5km 조깅
E. 자유 플랜

운동 플랜

- 1~2주 차 운동 복습
- 박스 호흡 연습
- 스트레칭

이렇게 4주 동안 훈련 프로그램에 충실하게 임하면 한달 뒤에 3~5km는 큰 무리 없이 편안하게 달릴 수 있는 역량이 생길 것이다. 만약 4주 동안 프로그램에 충실하지 못했거나, 충실했음에도 몸이 충분히 달리기에 적응하지 못한 경우 더 쉬운 훈련 계획으로 돌아가 복습한다.

9 러닝 다이내믹스

숫자가 언어로 다가오기까지

러닝 다이내믹스는 달리는 동안 신체가 어떻게 움직이는지 측정한 지표들을 말한다. 속도나 거리와 같은 숫자들 말고도 달리기에는 방식과 효율성, 그리고 부상 위험 요인까지 유추하게 해주는 중요한 데이터들이 있다. 이를 통합해서 '러닝 다이내믹스'로 지칭하고, 주로 웨어러블 기기를 통해 측정한다.

대부분은 '데이터'라는 말에 약간의 거리감부터 느낀다. 특히 일상과 직접적인 연결고리가 없거나, 실질적인 도움이 되는지 확신이 서지 않는다면 더더욱 그렇다. 하지만 숫자들이 어느 순간 아주 개인적인 의미를 띠게 되는 때가 있다. 나의 키와 몸무게, 발 사이즈는 각별하지 않은가? 인생을 물들이는 음악의 길이 3분 8초는 어떤가. 우리 집부터 내가 가장 좋아하는 산책길까지의 거리 2.3km, 그리고 매일 걸은 걸음 수는?

숫자가 단순 데이터를 넘어서는 것은 그 데이터를 해석할 수 있을 때다. 숫자가 개인적으로 다가올 때, 그래서 유의미해질 때 말이다. 웨어러블 기기를 가지고 있는데도 불구하고 러닝 다이내믹스를 측정하지 않거나 자세히 들여다보지 않는 분들도 꽤 많다. 데이터를 평가하기 위한 지식을 쌓는 데 들어가는 지적 비용이 귀찮을 수도 있다. 그러나 달리기를 하기로 결심한 이상, 손목 위의 작은 숫자들이 단순한 기록이 아니라 몸의 움직임을 설명하는 또다른 언어, 즉 달리는 나를 이해하는 하나의 방식이 되도록 만들기를 바란다.

| 케이던스 vs 스트라이드

러너들을 관찰해 보자. 누구는 바닥을 다지듯 작고 빠른 발걸음으로 달리고, 누구는 껑충껑충 폭넓은 걸음으로 달린다. 러닝 커뮤니티에서는 전자를 '케이던스 주법(피치 주법, 보속형) 러너', 후자를 '스트라이드 주법(보폭형) 러너'라 부른다. 스포츠 브랜드 아식스asics의 최상위급 레이싱화 메타스피드 라인에서는 각 스타일의 주자들을 위해 별도로 신발을 출시할 정도다.[78]

두 주법의 분류는 상당히 중요한데, 러닝의 속도를 구성하는 요인이 바로 케이던스와 보폭이기 때문이다. 하나 더하자면 접지 시간(지면 접촉 시간)정도가 되겠다. 셋 중 보폭이 속도를 높이는 데에 가장 크게 기여한다. 잘 달리는 러너들은 대부분 짧은 지면 접촉 시간, 높은 케이던스, 높은 도약력을 갖게 되며 보폭 또한 증가한다. 초보들은 닭이 먼저냐 달걀이 먼저냐의 문제를 조심해야 한다. '잘 달리는 사람들은 보폭이 넓으니까 나도 잘 달리려면 시원시원하게 달려야지'라고 오해하지 말아야 한다는 의미다. 넓은 보폭은 러너가 초보자 시절을 지나 달리기 근력과 리듬, 스피드를 기르면서 나타난 노력의 결과다. 섣불리 따라하다가는 다칠 수도 있다. 이렇게 보수적으로 이야기하는 것이 맞겠지만, 어떤 러너들은 초보자부터 러닝 자세가 꽤 잘 나오고 (주로

---

[78] 경기용으로 설계된 러닝화로, 일반 러닝화보다 가볍고 반발력이 뛰어나다. 요즘은 대부분의 브랜드에서 카본 플레이트를 넣어 제작하며, 속도와 퍼포먼스를 극대화하기 위해 신발의 무게를 줄이려 안정성 장치들을 덜어낸 경우가 많아 근력이나 주법이 안정되지 않은 러너에겐 부상 위험이 있을 수 있다.

이들은 체중이 가볍다) 바로 스트라이드 형식으로 달릴 수 있는 재능을 가지고 있는 것도 관찰한 바 있다. 그럼, 속도를 결정하는 요인들을 하나씩 상세히 살펴보자.

	케이던스 주법	스트라이드 주법
정의	작은 보폭과 다리의 빠른 움직임으로 보속을 높이는 주법	상대적으로 낮은 보속 안에서 큰 보폭으로 달리는 주법
특징	한 걸음마다 출력이 약한 대신 걸음 수가 많다. 일반적으로는 케이던스가 높으면 다리 근육에 실리는 하중을 줄이는 데는 도움이 되지만 잦은 움직임으로 심폐에 부담이 된다.	출력이 높고 속도를 높이는 효과적인 주법. 보폭은 하체 근력과 상관관계가 높으며, 상급 러너는 대개 보폭이 더 넓다. 그러나 하체 근육 사용량이 높으므로 근력이 뒷받침되지 않은 상황에서 속도를 높이기 위해 보폭을 넓게 가져가면 부상 위험이 크다.
충격 / 부하	적음 / 하퇴부 부담(종아리 근육, 정강이 근육)	높음 / 상퇴부 부담(둔근, 대퇴, 햄스트링)
달리기 경력	초보자~상급자	중급자~상급자
에너지 소모량	적은 편	높은 편

케이던스 주법과 스트라이드 주법

보폭

보폭을 이야기할 때 한 발에서 다음 발이 바닥에 닿는 거리와 같은 발이 연속해서 지면에 닿을 때까지 이동한 거리를 혼용해서 사용하기에 혼란이 발생한다. 우선 여기서는 '보폭'이라 하면 한 발에서부터 반대쪽 발이 지면에 닿을 때까지의 거리 step length를 지칭하도록 하겠다.

용어	정의	비고
활보폭(stride length)	같은 발이 지면에 닿는 순간부터 다시 그 발이 닿을 때까지의 거리	한 걸음 전체 주기
보폭(step length)	한 발이 닿은 후, 반대쪽 발이 지면에 닿을 때까지의 거리	활보폭의 절반

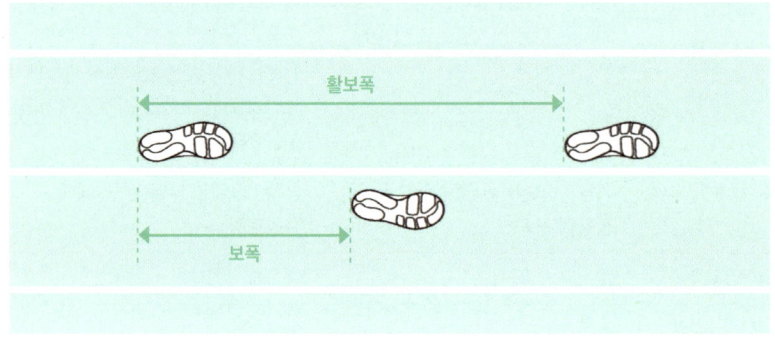

활보폭과 보폭

러닝의 속도는 결국 케이던스와 보폭이 결정한다. 굳이 하나를 더 하자면 접지 시간도 포함될 수 있겠다. 그러나 케이던스보다는 보폭의 증가가 속도 향상의 주요 요인이므로, 속도가 빨라질수록 주로 변화하는 것은 보폭이며, 그래서 보폭이야말로 엘리트 러너와 일반 러너를 가르는 가장 큰 차이점이기도 하다.

이론적으로는 케이던스와 보폭 모두 속도를 결정하는 변인으로 작용하나 케이던스 증가 폭 대비 속도 증가 폭은 낮고, 한 사람이 케이던스를 높일 수 있는 범위는 보폭 대비 제한적이다. 주위를 둘러보면 높은 케이던스를 낼 수 있는 러너는 비교적 흔하지만 이들의 속도는 제각각이다. 보폭이 속도에 결정적 차이를 만들어내는 것이라고 볼 수 있다.[79]

비록 비공식 기록이지만 처음으로 마라톤 완주 2시간의 벽을 깬 엘리우드 킵초게 선수의 평균 마라톤 페이스는 킬로미터당 2분 50초대로 엄청나게 빠르다. 러닝을 해본 사람들은 이 숫자가 주는 충격을 안다. '내 질주 속도보다도 빠른데', '이 속도를 2시간 내내 유지한다고?' 하는 생각으로 마라톤 선수들에 대한 존경심이 절로 생기게 된다. 그의 보폭은 평균 190cm, 케이던스는 185 정도로 알려져 있다. 이 글을 읽는 러너 중 케이던스가 185 이상인 분들은 많겠지만 보폭은 190cm[80]에 미치지 않을 것이고, 그것이 바로 킵초게와 취미 러너의 명확한 차이점이다.

보폭은 신체 구조, 근력, 유연성, 달리기 환경(오르막에서 작아지고, 내리막에서 커진다), 속도 등의 영향을 받기 때문에 어느 보폭이 바람직하다 아니다를 판단하기는 어려운 측면이 있다. 다만 보폭을 늘리면서 속도를 높이는 데에는 엄청난 하체의 탄력이 필요하고 에너지 소모량

---

[79] 단, 케이던스와 보폭 지표가 모두 개선이 필요한 상황에서 부상 위험을 줄이며 속도를 높이는 전략을 취해야 한다면 먼저 개선해야 하는 지표는 보폭보다는 케이던스다.
[80] 전반부의 보폭이 더 크고 후반부의 보폭은 작아지며 평균 190cm 정도라고 한다.

도 높기에 일반인이 억지로 시도하면 부상에 취약해지는 건 한순간이다. 체중이 높은 경우 하지가 받는 충격이 막대하므로 더더욱 시도하면 안 된다. 다시 한번 강조하지만, 스트라이드 주법은 달리기 숙련의 결과로 오는 것이지 억지로 시도해서 얻을 수 있는 것이 아니다. 카본화를 초보자가 신어도 되느냐 또한 이 맥락에서 이해할 수 있다. 카본화의 성능은 더 높은 지면 반발력을 통해 보폭을 넓혀주는 데에 있는데, 지면 반발력을 효율적으로 사용하며 보폭을 넓히려면 다리의 근육과 힘줄의 경직도인 다리 강성이 충분해야 한다.

강하고 탄력 있는 보폭을 만들기 위해서는 먼저 둔근의 힘과 트리플 익스텐션이 필요하다. 달리기 보폭에 필요한 힘은 대부분 지지하는 다리(착지한 다리)의 고관절 신전에서 나온다. 발이 땅에 닿을 때, 우리는 세 가지 중요한 관절인 고관절-무릎-발목 복합체를 굽혀 착지의 충격을 흡수한다. 다음 단계는 세 관절을 모두 강력하게 펴는 것인데, 이를 트리플 익스텐션이라고 부른다. 그러면서 점핑과 전진의 힘이 결합되고, 길게 체공 시간을 가져가며 넓은 보폭이 나오게 된다. 세

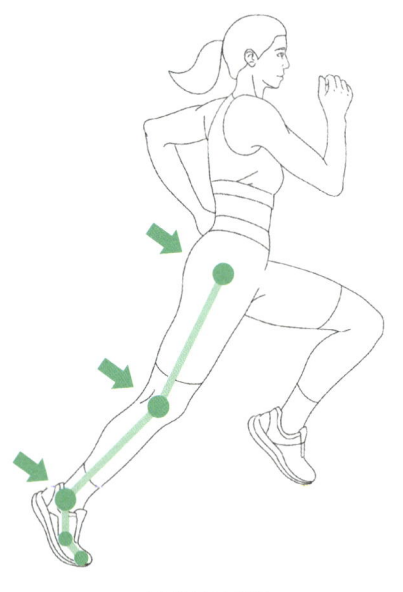

트리플 익스텐션

관절 중 고관절이 가장 강력하므로 고관절 신전이 보폭의 주된 원동력이 되며, 이는 강한 둔근 힘을 필요로 한다.[81]

두 번째로 필요한 것은 **다리 용수철 강성**Leg Spring Stiffness, LSS이다. 발목, 무릎, 고관절을 쭉 펴면서 땅을 박찬 강력한 에너지는 다시 추진력으로 되돌아온다. 마치 고무공이 바닥에 부딪혔다가 튀어오르듯, 착지할 때 땅이 우리에게 돌려주는 힘이다. 이 힘을 얼마나 잘 쓰느냐가 바로 다리 근육과 힘줄의 탄성에 달려 있다. 이것을 다리 용수철 강성이라 부른다. LSS가 높을수록 고관절을 펼 때 힘이 더해져 달리기 효율이 훨씬 좋아진다. 다리의 단단한 탄성 덕에 에너지 누수가 줄어들기 때문이다.

| 케이던스

케이던스란 1분 동안 딛는 발걸음의 수를 뜻한다. 달리기를 시작한 사람이라면 한 번쯤 들어본 적이 있을 것이다. 러닝을 갓 시작한 사람들은 너무 종종걸음으로 달려서 문제가 되기보다는 너무 크게 달려서 문제가 되는 경우가 많다. 그 문제는 주로 정강이와 무릎 부상이다. 빠르게 달리지 않음에도 불구하고 수직 진폭이 높은 데다가 근력 수준도 낮고, 여기에 심지어 과체중이면 골반-무릎-발목에겐 최악의 레시피다. 실제로 러닝 초급자 반을 운영해 보면 가장 많이 주게 되는 피드백

---

[81] 「Power your running with big stride」, Geeks on Feet, 2020. 9. 4.

이 보폭을 줄여 달리라는 것이다. 그러나 보폭에 대한 인지감은 야외 달리기 시 현저히 떨어질 수 밖에 없다. 거울도 없고, 나는 정상적으로 달리고 있다는 느낌이 드는데 자꾸 보폭을 줄이라니 답답하기도 할 것이다. 그럴 때 케이던스를 높이면 자연스럽게 보폭이 줄어들면서 하지가 받는 충격 수준과 부상 위험이 모두 감소한다.[82]

흔히 케이던스의 목표 수치는 180으로 제시된다. 일반적으로 케이던스를 높이면 착지 충격이 감소하고 부상 위험이 줄어드는 긍정적인 효과가 있는 건 사실이다. 그러나 모두가 이 숫자에 맞추어야 할까?

180이라는 목표치는 1984년 미국 로스엔젤레스 올림픽에서 장거리 러너들의 케이던스를 측정한 데에서 비롯했다. 현재까지도 수많은 엘리트 주자들이 180의 케이던스에서 달리고 있다. 가장 빠른 러너들의 특징들을 연구한 결과는 취미 러너들이 더 빨리 달릴 방법을 찾는 실마리가 될 수는 있겠지만, 선수들의 풀코스 달리기 속도는 일반인의 전력 질주 속도보다 빠르고, 이들은 근신경계 발달도도 높다는 점을 고려해야 한다. 너무 낮은 케이던스는 당연히 고칠 필요가 있겠지만, 초중급자 러너들도 절대적으로 180 이라는 숫자를 고수할 필요는 없는 이유다.

이를 단적으로 보여주는 사례를 잠깐 소개하고 넘어가고자 한다.

---

[82] 평지 환경에서 달릴 때 같은 속도에서 케이던스를 증가시키면 무릎 관절이 받는 부하를 줄일 수 있다. 즉 케이던스에 따라 보폭, 무게 중심, 충격량, 슬개 대퇴 관절 압력 등 부상 관련 변인들이 긍정적인 방향으로 개선될 수 있다. (참고: Heather Vincent et al., 「Cadence impact on cardiopulmonary, metabolic and biomechanical loading during downhill running」, 『Gait Posture』, 2019.)

10km 평균 기록은 28분, 하프 마라톤 평균 기록은 62분인 15명의 케냐 출신 엘리트 선수들에게 킬로미터당 5분 페이스로 달리도록 했다. 그 결과 단 한 명만 180대의 케이던스, 대부분은 160대의 케이던스로 달렸고, 이후 달리기 속도를 km당 3분으로 올렸을 때는 단 한 명의 러너만 180 미만의 케이던스고 나머지는 전부 180 이상, 개중 여러 명이 케이던스 200 이상을 기록했다.[83] 물론 고작 하나의 연구 결과로 케이던스 높이기의 중요성을 축소하고 싶지는 않다. 모든 속도에서 케이던스는 비슷하게 유지하고 보폭으로만 속도를 조절하는 러너도 있다. 또, 일반인이 안전하게 속도를 올릴 수 있는 방식은 스트라이드형 주법보다는 케이던스형 주법이라는 점도 짚고 싶다.

케이던스는 키나 신체 비율과 같은 체형적 요인, 개인의 러닝 경험과 능력치, 달리기 속도, 혹은 완전히 외부적 요인인 지형이나 신발 종류 등에 의해 달라질 수 있다. 이런 점을 고려했을 때 절대적으로 옳은 케이던스 기준은 없으며, 다양한 방식으로 실험하며 내 몸과 상황에 맞는 케이던스를 찾는 것이 바람직하다는 정도로 이해하면 되겠다.

다만, 어떤 변인들이 케이던스에 영향을 주는지를 파악하고 그 변인을 고려하여 나의 케이던스 수치가 상황에 맞는 범위인지 파악하는 것이 올바른 배움의 자세일 것이다. 케이던스에 영향을 주는 요인은 다음과 같이 다양한데, 이들은 동시에 작용하거나 서로 영향을 미칠 수 있다.

---

[83] Jordan Santos-Concejero et al., 「Are gait characteristics and ground reaction forces related to energy cost of running in elite Kenyan runners?」, 『Journal of Sports Sciences』, 2017.

키, 신체 비율

일반적으로 키가 크거나 다리가 긴 편이라면 조금 낮은 케이던스를, 키가 작거나 다리가 짧은 경우라면 높은 케이던스를 가진다.

신발 종류

굽이 높지 않은 미니멀한 운동화를 신거나 맨발로 달리는 주자의 평균 케이던스는 쿠션이나 반발력이 많이 들어간 맥시멀리스트 신발을 착용한 러너의 평균 케이던스보다 높다. 키 및 신체 비율 항목과 연관지어 생각하면 당연한 결론이다. 신발 덕에 다리 길이가 길어지는 효과가 발생하면서 케이던스가 낮아지기 때문이다. 취미 러너들의 케이던스가 지난 30년 동안 크게 감소했다고 하는데, 평균 신장이 커지는 것과 더불어 부피가 큰 신발이 유행한 것과 관련 있지 않을까 추측해 본다.

또한, 같은 속도로 달릴 때 같은 높이의 신발이라고 가정하면 카본화와 같은 레이싱화를 신었을 때는 반발력이 좋아서 보폭이 커지고 케이던스가 줄어드는 반면, 일반적인 쿠셔닝화를 신었을 때는 보폭이 상대적으로 작아진다. 같은 속도를 유지하고 싶다면 높은 케이던스로 달리며 더 많은 근육을 개입시킬 필요가 있다.

달리기 숙련도 및 주법

프로 러너는 초보 러너보다 빨리 달리기 때문에 같은 시간 내 바닥에 발이 닿는 횟수가 증가하므로 일반적으로 케이던스가 높은 편이다. 또, 숙련자는 짧고 빠른 리듬으로 몸의 중심 하단에 착지하는 주법을 구사할 수 있는 반면 초보 러너는 종종 낮은 케이던스와 오버스트라이딩이 함께 나타나는 경향이 있다.

근력 및 신경근 협응력

하체 근력이 부족하거나, 특히 근신경계 반응 속도가 느리면 높은 케이던스를 유지하기 어렵다. 그런 경우 빠른 피치 훈련을 통해 근신경계 발달을 자극하며 케이던스를 높이고 지면 접촉 시간을 줄이는 연습을 하는 것이 도움이 된다. 피치 훈련은 대표적인 달리기 보강 운동 중 하나로 제자리에서 빠르게 무릎을 들어올리고 팔을 리듬감 있게 휘두르는 동작을 반복하는 훈련이다. 하이 니high knees와 유사한 동작이다. 발을 드는 높이에 따라 숏 피치, 미드 피치, 롱 피치로 구분할 수 있으며 발로 엉덩이를 차는butt kick 동작과 같은 백피치도 있다. 케이던스나 지면 접촉 시간 향상을 위해 훈련한다면 가능한 수준 중 꽤 빠른 속도에서 진행하는 것이 중요하다. 피치 훈련은 짧고 빠른 스텝에 익숙해지도록 도와주며, 러닝 리듬을 높이고 오버스트라이드를 교정하는 데 효과적이다. 주로 본 훈련 전 워밍업이나 주기적인 리듬 향상을 위한 필수 훈련으로 활용된다.

속도

달리기 능력과 교집합이 큰 항목이다. 일반적으로 빠르게 달릴수록 케이던스가 높아지며, 동시에 보폭도 넓어진다. 그러나 초보 러너는 속도를 올리겠다는 의도로 달렸을 때 보폭만 늘고 케이던스는 유지되는 형태로 속도가 증가하기도 한다. 참고로 높은 케이던스가 곧 달리기의 효율을 개선시키는 것은 아니며, 오히려 속도에 비해 너무 높은 케이던스는 심박수 증가나 근피로 누적으로 이어질 수도 있다.

지면 접촉 시간

지면 접촉 시간Ground Contact Time, GCT은 러닝 중 한 발이 지면에 닿아 있는 시간을 의미하며, 보통 밀리초(ms) 단위로 측정된다. 예를 들어 GCT가 250ms라면, 한 발이 지면에 닿은 뒤 다시 떠오르기까지 0.25초가 걸린다는 뜻이다. 정확히 측정하려면 힘판 내장 트레드밀force plate treadmill이나 초고속 카메라 장비를 활용해야 하지만 웨어러블 기기가 제공하는 수치를 참고해도 큰 문제는 없다.

앞서 살펴보았듯 보폭, 케이던스, 지면 접촉 시간은 속도를 구성하는 요인이므로 러닝 속도가 빨라질수록 케이던스가 증가하고 보폭이 길어지는 것과 함께 GCT도 자연스럽게 짧아진다. 이 과정을 슬로우 모션으로 살펴보면, 발이 바닥에서 빠르게 떨어지고 몸이 붕 떠 있는 체공 시간이 길어지며 보폭이 커진다. 다시 발이 빠르게 바닥에 닿고 떨어진다. 지면 접촉 시간은 특히 러너의 반응성, 주법 효율성, 그리고 러닝 이코노미를 유추할 수 있는 주요 지표로 사용된다.[84]

---

[84] Ari Nummela et al., 「Factors related to top running speed and economy」, 『International Journal of Sports Medicine』, 2007.
Martin Mooses et al., 「Shorter Ground Contact Time and Better Running Economy: Evidence From Female Kenyan Runners」, 『The Journal of Strength and Conditioning Research』, 2021.

접지 시간 역시 러너의 속도나 주법, 지면 등 기타 요인의 영향을 받으므로, 무엇이 이상적인 수치인지에 대해 명확한 해답을 제시하기 어려운 측면이 있다. 다만 일반적으로 수치가 낮을수록 유리하다는 것을 러너들은 직감적으로 파악하고 있다. 대다수의 러너들은 지면 접촉 시간을 줄이는 연습을 해야 하는 축에 속할 것이다. 한편 과유불급의 원칙은 여기에도 적용된다. 지면을 디딜 때 앞으로 나아갈 추진력을 만들게 되는데, 지면에 닿아 있는 시간과 생성되는 힘 사이에 최적의 균형점이 있을 수 있기 때문이다. 그리고 그 균형을 지나치게 되면, 오히려 효율이 떨어질 수 있다.[85] 균형점이 어디인가에 대해 모두에게 적용되는 결론은 없으므로 각자 찾아가야 한다.

그렇다면 내 달리기 레벨에서 어떤 지면 접촉 시간이 일반적인지 수많은 러너들의 경험 데이터를 통해 살펴보자. 수많은 러너들의 데이터를 갖고 있는 가민에서 분석한 '컬러 게이지'를 참고하면 지면 접촉 시간뿐만 아니라 다른 러닝 다이내믹스까지 참작하여 내가 어디에 속하는지 쉽게 파악할 수 있다.

케이던스, 수직 진폭, 지면 접촉 시간, 지면 접촉 시간 밸런스, 수직 비율과 같은 주요 지표의 레벨을 상급 러너에서 미숙련 러너까지 5단계로 분류하여 제공한다. 보라색이 가장 상급, 빨간색이 가장 미숙련 러너에 해당한다. 위 표에는 가민이 보유한 폭넓은 데이터를 기반으로 성별과 착지 방식(뒤꿈치, 중간, 앞발 착지)을 다양하게 반영했으며, 트

---

[85] Lars-Christian Simonsen, 「A Primer on Ground Contact Time in Running」, 『RUN 161』, 2023. 8. 18.

컬러 존	백분위	케이던스	수직 진폭	수직 비율	지면 접촉 시간
퍼플	95 초과	183spm 초과	6.4cm 미만	6.1% 미만	218ms 미만
블루	70 이상 95 이하	174~183spm	6.4~8.1cm	6.1~7.4%	218~248ms
그린	30 이상 69 이하	164~173spm	8.2~9.7cm	7.5~8.6%	249~277ms
오렌지	5 이상 29 이하	153~163spm	9.8~11.5cm	8.7~10.1%	278~308ms
레드	5 미만	153spm 미만	11.5cm 초과	10.1% 초과	308ms 초과

가민의 러닝 다이내믹스 컬러 게이지

레드밀이 아닌 평지에서 일정한 속도로 뛴 러닝이면서 평균 페이스가 km당 7분 이내인 경우만 분석에 사용했다고 한다. 이 데이터를 바탕으로 사용자들은 자신의 러닝 스타일이 전체 분포에서 어디에 위치하는지 직관적으로 이해할 수 있다. 지면 접촉 시간을 보면 보라색 범위, 즉 상급 러너들 대부분은 200ms에 가까운 지면 접촉 시간을 가지고 있고, 모든 레벨의 러너들 대부분은 300ms 미만의 접촉 시간을 가지고 있음을 확인할 수 있다.

접지 시간은 크게 세 가지 요인의 영향을 받는다.[86] 첫 번째는 지면에 빠르게 힘을 전달하는 능력이다. 순간적인 파워인데, 이는 단순히 힘뿐만 아니라 속도, 즉 근신경 반응성까지도 포함하는 개념임을 기억하자. 두 번째는 착지 순간 다리의 강성이다. 다리가 단단하게 착지할수록 에너지 누수 없이 지면으로부터의 반발력을 탄력 있게 받아 앞으

---

[86] Matt Fitzgerald, 「Ground Contact Time and Running Performance」, 『TrainingPeaks』.

로 전진하는 힘으로 재사용할 수 있다. 세 번째는 무게 중심 착지다. 발이 처음 지면에 닿는 접지 순간과 바닥을 밀어내는 힘이 실리는 무게 중심 착지 사이의 간극이 줄어들수록 지면 접촉 시간이 짧아진다.

그렇다면 지면 접촉 시간을 줄이기 위해서는 근신경 협응 속도와 근력 수준을 높이고, 착지 자세를 개선해야 할 것이다. 즉, 더 강하고 빠르게, 더 정밀하게 달릴 수 있도록 훈련할 필요가 있다. 빠르게 발을 움직이는 속도 훈련, 점핑 요소가 포함된 플라이오메트릭plyometric 훈련, 발목 안정성 훈련 등이 도움을 줄 수 있다. 한편 모든 지표들은 달리기의 양과 다양성을 높이며 훈련해 가면 자연히 개선된다. 어쩌면 수많은 보강 운동보다는 달리기 마일리지를 다양한 훈련 방식으로 쌓는 것이 답일 수도 있다.

지면 접촉 시간의 좌우 균형ground contact time balance도 고려해야 할 요소다. 왼손잡이와 오른손잡이가 있듯이 왼발잡이와 오른발잡이도 있다. 가령 달리기 리듬을 카운트할 때 무의식적으로 오른발에 맞춰 숫자를 하나, 둘, 셋, 넷 세고 있다면 오른발잡이다. 왼쪽과 오른쪽의 횡격막 사이즈조차 다른 우리 인간에게 완벽한 대칭은 너무 이상적인 목표이지만, 일반적으로 달리기 시 좌우 접촉 시간이 1:1에 가까운 주법으로 달릴수록 효율적인 러닝과 부상 예방에 유리하다. 몸에 힘이 남아있을 때에는 더 바른 주법과 리듬으로 달릴 수 있지만, 언덕을 오르내릴 때나 속도 훈련 중에, 피로가 쌓인 상황에서는 좌우 균형이 더 쉽게 무너진다. 이에 따라 접촉 시간 좌우 불균형을 부상 징후를 파악하는 신호[87]로 참고하기도 한다.

| 수직 진폭

잘 달리는 러너를 아무나 유튜브에 검색해서 달리는 폼을 살펴보자. (잘 모르겠다면 '킵초게 러닝 자세'로 검색해 보자.) 그 러너는 아마 위로 통통 튀기보다는 스텔스기처럼 앞으로 미끄러지듯 직선적으로 달릴 것이다.

수직 진폭vertical oscillation은 한 걸음마다 얼마나 수직으로 높게 튀는지에 관한 값이다. 주로 센티미터 단위로 표시된다. 달리기에는 당연히 점핑 동작이 포함되므로 적절한 수직 진폭은 꼭 필요하다. 그러나 초보 러너들에게는 과도하게 위로 튀는 경향이 나타난다. 수직 변위가 너무 낮아서 문제되는 경우는 드물다. 초보 시절에는 내가 뛰고 있다는 사실에 감화되어 있고, 설레기도 하니 힘차고 기분 좋게 달리고 싶기 때문이다. 이런 마음을 누가 비난할 수 있을까. 그러나 수직으로 통통 튀는 데에 에너지를 너무 많이 사용하면 앞으로 나아가는 데에 힘을 충분히 사용하지 않게 된다. 즉 달리기 효율이 저하될 수 있다.

보수적으로는 5cm에서 10cm 사이의 수직 진폭이 권장된다.[88] 그러나 많은 코치와 숙련된 러너들은 수직 변위가 낮을수록 에너지 효율이 더 높다고 믿는다. 다소 극단적이지만 장 프랑수아 하비는 『달리기, 조깅부터 마라톤까지』에서 5cm가 딱 적당하다고 말한다. 참고 차 다시

---

[87] Dustin Joubert et al., 「Ground Contact Time Imbalances Strongly Related to Impaired Running Economy」, 『International Journal of Exercise Science』, 2020.
[88] Emilia Benton and Rachel Boswel, 「What is vertical oscillation and how can it affect running performance?」, 『Runner's World』, 2024. 11. 28.

한번 가민의 컬러 게이지를 살펴보자.

가장 잘 달리는 러너들, 즉 '퍼플 존'에 있는 상위 5% 이내 러너들의 수직 진폭은 6.4cm 미만이다. 상위 5~30%이내의 '블루 존' 러너들은 6.4에서 8.1cm, 상위 21%~70% 러너들은 8.2에서 9.7cm 사이의 수직 진폭을 갖고 있다. 하위 30%, 즉 오렌지와 레드 색상에 해당하는 러너들은 수직 진폭을 포함한 대부분의 지표상 상당히 부상 위험이 높을 것이다. 케이던스도 너무 낮고, 지면 접촉 시간도 거의 300ms 가까이 된다. 이 범위로 넘어가지 않기 위한 수직 진폭의 커트라인이 9.8cm이니, 외우기 좋게 10cm로 반올림하여 적어도 10cm는 넘어가지 않도록 노력하자. 10cm는 커트라인에 가까운, 즉 이상적이라고 보기는 힘든 값이므로 현재 수직 진폭이 10cm 수준이라면 장기적으로 개선이 필요하다는 문제의식을 가지고 있어야 한다.

수직 진폭이 과도하게 높을 경우, 효율만이 아니라 부상 위험 때문에라도 반드시 수정할 필요성이 있다. 특히 하체 근력 발달도가 낮거나 과체중인 경우에는 더욱 신경 써야 한다. 근력이 부족한 경우 충격 흡수가 어렵고, 몸무게가 무거우면 몸이 받는 충격값이 치솟기 때문이다.

신체 중심 center of mass의 상하 움직임이 커지면서 발생하는 물리적인 충격은 수직 진폭과 비례한다. 너무 당연한 사실이지만 몸을 지면에서 더 높이 띄웠다가 바닥에 착지하면 낙하하는 높이도 커지기 때문에 지면과 충돌할 때 그만큼 충격이 커진다. 이로 인해 특히 뼈에 반복적으로 가해지는 스트레스나 관절에 대한 부담이 누적되며 피로 골절, 무릎 통증, 고관절 및 발목 부상 등으로 이어질 수 있다. 수직 진폭이 지나치게 크면 단순한 러닝 비효율을 넘어 족저근막염, 아킬레스건염 등의 부상 요인으로 작용할 수 있는 것이다.[89]

너무 낮은 수직 진폭, 즉 5cm 이하로 달리는 사람은 많지는 않으나, 만약 이 경우에 해당한다면 지면을 강하게 밀어내지 못하거나 경보하듯 달리는 등 달리기를 달리기답게 해주는 추진력을 만들지 못하고 있다는 신호일 수 있다. 동작도 걷는 것처럼 보일 것이다. 낮은 수직 변위는 지면 접촉 시간을 증가시키고, 보폭을 과도하게 짧게 만들어 효율적인 달리기를 방해할 수 있다. 결국 수직 변위가 너무 크거나 너무 작은 것 모두 문제이며, 개인에게 알맞은 적정 범위(약 5~10cm)를 유지하는 것이 중요하다. 수직 진폭에 영향을 주는 요인은 다음과 같다.

인지적 문제

운동 자세와 관련된 요소들이나 그 상호적인 상관관계를 분석함에 있어 인지적인 내용을 언급하기가 쉽지 않다. 자칫하면 비과학적으로 보일 수 있기 때문이다. 그런데 이는 '과학적'인 것을 지나치게 협소하게 바라보는 태도다. 뇌에서 내리는 명령으로도 자세와 움직임을 조절할 수 있다는 사실을 어떻게 부정할 수 있겠는가.

그래서 수직 진폭을 높이는 첫 번째 방법은 달리기는 위아래로 움직이기보다는 앞으로 나아가는 의도를 가지고 뛰는 것임을 이해하는 것이다. 수직 진폭을 줄여야겠다고 인지한 단계끼지는 니아갔으나 몸에 적용이

---

[89] Douglas Adams et al., 「Altering cadence or vertical oscillation during running: effects on running related injury factors」, 『International Journal of Sports Physical Therapy』, 2018.

잘 되지 않는다면 '머리가 닿을락 말락 하는 아주 낮은 터널 안에서 달리고 있다'거나, '내 키만 한 담벼락을 따라 달린다'는 큐를 연상하면 도움이 될 수 있다. 단, 높이 튀지 말아야 한다는 생각에 너무 바닥으로 가라앉듯 처져서 달리지 않도록 주의한다.

코어 힘

코어에 힘을 빼고 다리의 튕김으로만 달리기 자세를 만들어내면 바닥으로 쿵쿵 떨어지는 동작이 강해진다. 코어에 힘을 주면 앞으로 몸을 밀어내는 느낌을 더 자연스럽게 낼 수 있다.

다른 러닝 다이내믹스 개선

케이던스를 높이고 보폭을 줄이면 보통 수직 진폭이 줄어든다. 껑충껑충 움직이기보다는 바닥을 다지듯 더 분주하게 달리기 때문이다. 단, 케이던스를 높이려다 보폭을 너무 짧게 조절하면 추진력을 제대로 얻지 못하고 발걸음이 바쁘기만 한 '셔플링shuffling' 형태가 되기 쉬우니 적정선에서 조율한다.

무릎 굽혀 착지·약간의 기울기

러닝 중에 대퇴사두근과 종아리 근육에 긴장을 유지하면 무릎과 발목이 과도하게 펴진 상태로 러닝하게 되며, 이렇게 되면 몸이 더 뻣뻣해져 수직으로 위아래로 튀어 오르는 움직임이 많아진다. 발이 지면에 닿은 직후인 스탠스 단계stance phase 동안에는 발목과 무릎을 자연스럽게 굽혀주는 것이 좋다. 이렇게 하면 충격을 흡수할 수 있고, 러닝 중 튀어 오르는 동작을 줄이는 데 도움이 된다. 또한 몸을 발목에서 약간 더 기울였을 때 무릎 굽힘 착지도 더 자연스러워지고, 보폭도 줄어들면서 수직 진폭도 함께 개선된다.

| 수직 비율

달리기 실력을 단 하나의 러닝 다이내믹스 수치만으로 평가한다면 나무만 보고 숲은 보지 못하는 꼴이 될 것이다. 예를 들어 숙련된 러너가 빠르게 달릴 때에는 수직 진폭이 자연스럽게 커질 텐데, 그것만 보고 "수직 진폭이 너무 안좋네요"라고 지적하기 어렵듯이 말이다.

그래서 여러 수치 간의 관계를 함께 살펴봐야 하는데, 이때 참고하면 좋은 지표가 바로 수직 비율Vertical Ratio, VR이다. 이는 러닝 중 수직 진폭과 보폭의 비율을 백분율(%)로 나타낸 지표로, 러너가 얼마나 앞쪽 방향으로 에너지를 쓰는지, 아니면 위로 튀는 데 에너지를 낭비하는지를 시사한다.

수직 비율(VR)=(보폭(cm)/수직 진폭(cm))×100
예시: 수직 진폭이 7cm이고, 보폭이 140cm라면
VR = (7 ÷ 140) × 100 = 5%

분모가 수직 진폭이고, 분자가 보폭이므로 수직 비율이 낮을수록 앞으로 나아가는(즉, 보폭이 큰) 효율적인 달리기를 하고 있다는 것을 의미한다. 반대로, 수직 비율이 높으면 앞으로 나아가기보다는 위로 낭비되는 에너지가 크다는 뜻이다.

다시 한번 가민의 컬러 게이지를 살펴보자. 최상위 러너는 6% 이내, 상위~중위 러너는 8.6%까지의 값을 갖고 있다. 그 이상은 다소 바람직하지 않은 러닝 지표들을 지닌 러너들의 값이므로, 수직 비율의 기준선으로 삼을 하한선이 8.6% 정도임을 기억하면 좋겠다.

종합하면, 이상적인 달리기 다이내믹스는 다음과 같다.

높은 케이던스 + 낮은 수직 진폭 + 짧고 균형 잡힌 접지 시간 + 낮은 수직 비율

Part 4

근력과 호흡 트레이닝

10 달리기를 위한 근력 운동

달리기와 부상

달리기 자세에는 정답이 없고 결국 내 몸에 맞춰 운동해야 한다는 말을 여러 번 해왔다. 그러나 정답이 없다는 말은 노력하지 않아도 된다는 의미가 아니다. 몸에 맞춰서 하라는 말을 매번 변명이나 방패로 삼으면 발전이 없고, 발전 없이는 흥미도 느끼기 어렵다. 그에 따라 무언가를 지속할 동력이 줄어든다. 성장 추구형 인간이 아니라고 해도, 성장하고 있다는 자각 없이는 어떤 종류의 배움이든 진정으로 재밌기는 힘들다는 것은 부인하기 어려울 것이다.

꾸준히 달리기를 지속하는 것만으로도 크나큰 노력이다. 그러나 더 재밌고 지속 가능한 달리기를 위해 노력한다면 한 축은 퍼포먼스, 다른 한 축은 부상 예방일 것이다. 여기서 일반인이 더 신경 써야 하는 것은 부상 예방이다.

내가 소속된 러닝 클럽은 오로지 러닝에 집중하기에 별도로 마련된 친목 활동 자리가 없다. 느슨한 연결감이 있고 목례만으로도 큰 반가움이 오가는 이곳에 작년에 한참 같이 훈련하다가 오랜만에 다시 모습을 드러낸 분이 계셔서 인사를 했다. "그때 발 아프다 하셨던 것 같은데 요즘은 어떠세요?" 정확히 어떤 부상인지는 몰랐지만 어딘가 불편하다고 했던 것 같다. "저 족저근막염 낫는 데 꼬박 12개월 걸렸잖아요." 그분의 직업은 의사인 것으로 알고 있는데, 신체를 오래 공부해 온 사람에게 부상이 생기는 건 어떤 느낌일까 궁금해하다가 이내 우리는 각자의 달리기 조로 흩어졌다.

러닝 인구가 증가한 만큼 달리기를 하다가 다쳤다는 사람들도 늘었다. 부상의 경중은 사람마다 다르다. 어떤 사람은 수개월을 꼬박 쉬기도 하지만, 무릎에 불편감이 생겨도 2~3일 쉬고 폼롤링과 스트레칭으로 하체를 관리해 주면 바로 괜찮아지는 사람도 있다. 그래서 달리기 부상에 관해 이야기를 나눠도 사람마다 다른 종류와 경중의 부상을 말하는 혼선이 생기기 쉽다. 그래서 2015년, 112명의 학자들이 모여 달리기 부상의 정의를 다음과 같이 내렸다.[90] 달리기(훈련 또는 경기)와 관련된 하지의 근골격계 통증으로, 다음 중 하나 이상의 조건을 만족하는 경우를 의미한다.

- 최소 7일 이상 달리기(거리, 속도, 지속 시간 또는 훈련)에 제한을 주거나 중단하게 만드는 경우
- 연속된 3회의 예정된 훈련 세션에 참여하지 못하게 되는 경우
- 통증으로 인해 의사 또는 다른 보건 전문가의 진료를 필요로 하는 경우

물론 이것이 절대적인 정의는 아니고, 이에 부합하지 않더라도 달리기 이후 지속적인 불편감이 있다면 원인을 유추하고 스스로 수정하려는 노력을 기할 필요가 있다. 가벼운 불편감이더라도 전혀 조치를 취하지 않고 넘어가는 일이 계속 누적되다 보면 언젠가는 몸이 더 심

---

[90] Tiê Parma Yamato et al., 「A Consensus Definition of Running-Related Injury in Recreational Runners: A Modified Delphi Approach」, 『Journal of Orthopaedic & Sports Physical Therapy』, 2015.

10 달리기를 위한 근력 운동

각한 신호를 보내게 될 수도 있고, 그때 후회해 봤자 늦다. 이미 몸은 여러 번 기회를 줬을 것이다.

부상의 대표적인 원인들

달리기 부상의 원인으로는 잘못된 자세, 무리한 러닝, 근력 부족 등을 꼽을 수 있다. 자세는 척추의 기울기나 좌우 균형이 좋지 않은 경우, 무릎을 편 상태로 착지하거나 무게 중심과 멀게 착지하는 경우 등이다. 무리한 러닝이라 함은 갑작스럽게 훈련량을 늘리거나 감당하기 어려운 속도로 달릴 때, 회복 시간이 부족할 때 등이다. 특정 부위의 근력이나 유연성이 부족한 것도 부상 원인이다.

여기서 자세와 무리한 러닝은 달리기에 내재된 부상 요인인데, 무리한 러닝은 무리하게 훈련하지 않으면 되니 개선하는 데에 아주 큰 노력 비용이 들지는 않는다. 어떤 수준에서 무리가 오는지는 테스트를 해봐야 알 수 있으니 탐구의 시간은 필요하지만 말이다. 달리기 자세는 수정하는 데 가장 많은 시간과 노력 비용이 드는 부상 원인이다. 내 자세에서 어떤 점이 잘못되었는지 문제를 파악하는 일부터 자주 달리며 자세를 개선하기까지는 많은 시행착오와 경험이 필요하다. 그 과정에서 부상을 겪을 수도 있다.

한편 근력 부족은 달리기 바깥에서 노력해야 하는 부분으로, 노력한다면 비교적 확실하게 개선할 수 있으며 심지어 무리한 러닝과 잘못

자세	기울기를 골반에서 만들고 있다	☐
	좌우 착지 균형이 맞지 않는다	☐
	무릎이 펴지면서 착지한다	☐
	무게 중심 아래에 착지하지 않고 있다	☐
	발목의 과한 외회전이나 회내, 회외 등이 이루어지고 있다	☐
무리한 러닝	갑작스럽게 훈련의 빈도를 높였다(주간 훈련 횟수)	☐
	갑작스럽게 훈련의 강도를 높였다(속도, 거리, 코스)	☐
	갑작스럽게 주법을 바꿨다(착지법, 보폭, 케이던스 등)	☐
휴식 부족	휴식의 빈도가 적다	☐
	휴식의 질이 낮다(수면 부족, 수분 보충 부족, 회복 스트레칭 및 조깅 생략 등)	☐
	나만의 회복 루틴이 없다.	☐
관리 부족	평소 충분한 스트레칭을 하지 않는다(유연성 부족)	☐
	평소 충분한 워밍업을 하지 않는다(준비 운동 부족)	☐
	평소 나에게 필요한 보강 운동을 하지 않는다(근력 부족)	☐
	몸이 주는 작은 신호들은 '잠깐 그런 것뿐이겠지' 무시하고 넘어간다.	☐
	내 몸에 원래 내재한 불균형을 인지하지 못하고, 따로 관리하지 않는다	☐
	갑작스러운 체중 증가가 있었다	☐
	평소 고른 영양 섭취와 수분 보충에 힘쓰지 않고 있다	☐
장비 (신발)	너무 작은 사이즈의 신발을 신고 있다 (특히, 발볼이 넓은데 발볼에 맞춰 신발을 사지 않았다)	☐
	나의 착지법에 맞지 않는 신발을 신고 있다	☐
	나의 능력치에 맞지 않는 신발을 신고 있다	☐

부상 위험도 체크리스트

10 달리기를 위한 근력 운동

된 자세로부터 몸을 보호하는 수단이 될 수도 있다.

　이러한 세 가지 부상 원인을 포함하여 다양한 부상 위험 요인들을 정리한 체크리스트를 책에 실었다. 나에게 어떤 부상 위험 요인이 있는지 표시하고, 어떻게 개선할 수 있을지 생각해 보자. 바른 달리기 자세와 훈련의 종류, 강도에 대해서는 앞에서 상세히 다루었으므로 이 챕터에서는 부상 위험이 있는 부위를 보호하기 위해 어떤 보강 운동을 하면 좋은지 다루겠다. 퍼포먼스 향상을 위한 운동보다는 부상 예방을 위한 운동 위주로 소개하며, 이미 잘 알려진 운동보다는 달리기에 특화된 특수한 근력 운동만 소개하고자 한다. 스쿼트, 런지, 힙 힌지 기반 동작(힙 브릿지, 힙 쓰러스트, 루마니안 데드리프트 등) 같은 기본적인 하체 운동은 이미 하고 있다고 가정했다. 모든 운동과 스트레칭은 체력, 건강 상태, 컨디션을 고려하여 진행해야 하며 통증이나 불편감이 느껴지면 즉시 중단하고, 필요하다면 전문가와 상담해야 한다. 책의 운동 설명은 개인별 맞춤 처방이 아니다. 기존 질환이나 부상, 특수 상황이 있는 경우 반드시 의료 전문가의 지도를 받아야 한다.

| 달리기에 필요한 근육

　달리기를 위해 어떤 근육을, 왜 운동해야 하는지 살펴보기 위해 보행 주기gait cycle를 분석해 보자. 크게는 바닥에 발이 지면에 닿아있는 스탠스 단계stance phase(입각기)와 허공에서 움직이는 스윙 단계swing

스탠스 단계		
① 착지	② 중간 지지	③ 추진

스윙 단계		
④ 초기 스윙	⑤ 중간 스윙	⑥ 말기 스윙

phase(유각기)로 나뉜다. 달리기는 동일한 동작을 반복하는 운동이다 보니 두 단계 모두에서 부상이 생길 가능성이 있으나, 심각한 부상은 <u>체중이 실리는 스탠스 단계에서 일어날 확률이 높다.</u> 많은 러너들이 고생하는 무릎 부상 '러너스 니', '신 스플린트'라 부르는 정강이 주변부 통증, 발목 염좌나 족저근막염과 같은 발목, 발 주변부에 생기는 불편감과 같이 회복 기간이 오래 걸리는 심각한 부상 말이다. 체중이 직접적으로 실리기에 그럴 만도 하다.

 스탠스 단계에서 우세하게 사용되는 다리 이키티입은 무릎이 약긴 주춤하며 접힌 모양이다. 이 모양을 만들기 위해서는 전 관절에 움직임이 있어야 하며, 안정성을 위해서는 하체 전 근육이 협응해야 한다.

다리의 모든 관절, 즉 골반-무릎-발목이 연쇄적으로 모두 접힌다는 것은 각 관절 주변 근육의 길이와 텐션 변화가 있다는 뜻이고, 개별 근육들이 그 움직임을 효과적으로 지지하면서 관절을 확실히 보호해야 한다는 의미다. 너무 복잡하게 생각할 필요는 없다. 몸의 분석은 관절과 근육 관점 두 축에서 수행하면 굉장히 단순해진다. 관절의 움직임을 먼저 관찰하고, 어떤 근육이 그 움직임을 지지하는지 보면 어디를 강화해야 하는지가 보인다.

다리가 허공에서 접히는 스윙 단계에서도 부상이 생길 수 있다. 주로 근육과 관련된 불편감으로 나타난다. 예를 들어 무릎을 들어올리고 고관절이 접힐 때(⑥) 생기는 고관절 주변 근육 피로감, 속력이 빠른 경우 햄스트링의 반복적이고 빠른 구부림curl(④~⑤)으로 인한 햄스트링 부상 등이다.

종합하면, '이 근육만 운동하면 된다'는 해법은 없다. 달리기는 하체 전반을 폭넓게 사용하는 운동이기 때문에 모든 하체 근육을 고르게 강화해야 한다. 내가 어떤 동작에 가장 취약한지 떠올리며 운동을 수행해 보자.

장요근: 러닝 후 고관절 앞쪽 근육이 아프다면

운동인이 '이 근육 미리 운동할걸' 후회하는 부위가 있다면 상체에서는 중하부 승모근, 하체에서는 장요근일 것이다. 장요근은 스쿼트,

런지 같은 기본적인 하체 운동만으로는 잘 단련되지 않으므로, 하체 겉 근육이 잘 발달한 사람도 장요근은 약할 수 있다. 누구나 자신이 효과를 봤던 방법은 경험 데이터를 기반으로 확신에 찬 추천을 하게 되는데, 나에게 장요근 운동이 큰 도움이 되었기에 더 권장하고 싶다. 효과는 두 가지다.

첫 번째는 아래 허리의 안정화다. 장요근 위치를 짚어보라고 하면, 대부분의 사람들은 골반 앞쪽을 가리킨다. 운동 선생님으로부터 장요근이 짧다는 피드백을 받거나 스트레칭을 배워서 해본 경험이 한 번쯤은 있기에, 그리고 무척 시원했기에 어딘지는 알고 있다. 그러나 장요근 iliopsoas은 대요근iliacus과 장골근psoas의 합성어이고, 대요근은 이름에서 유추할 수 있듯이 요추에 직접 붙어 있다. 아래 허리가 어딘가 불안정하고 코어 운동을 충분히 하는데도 허리 지지감이 약하다면 아래 허리에

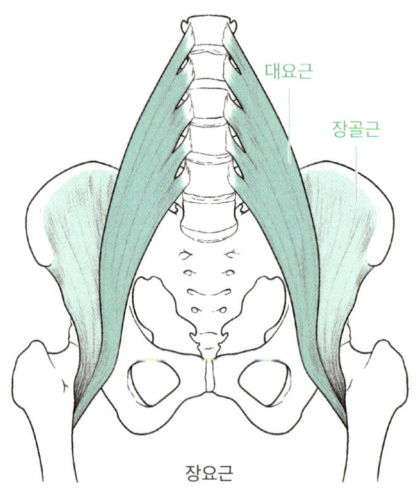

직접 붙어 골반과의 관계성을 만들어주는 장요근 강화가 도움이 된다. 그래서 나는 코어 운동 수업을 할 때 장요근도 함께 트레이닝한다. 장요근이 짧은데 운동으로 강화해야 한다는 데에 의문을 갖는 사람도 많은데, 근육이 짧아졌다고 해서 강한 것은 아니다. 오히려 약하기 때문에 아래 허리를 보호하기 위해 짧아졌을 수 있다. 이런 경우 강화하면 원래 길이를 찾는다. 반복적인 운동 때문이 아니라 자세로 인해 짧아진 것이라면 더욱 강화해야 한다.

두 번째는 달리기에서의 무릎 들기 기능 강화다. 장요근은 앞허벅지의 여러 근육들과 함께 작용하는 대표적인 고관절 굴곡근hip flexor이다. 굴곡은 골반을 접어주는 동작이라고 이해하면 쉽다. '달리기할 때 골반 접지 말라고 했잖아요' 하는 질문이 떠오를 것이다. 맞다. 달리기에서는 허리과 골반이 고정되어 있으므로 그 상태에서 장요근이 수축하면 다리를 몸통 쪽으로 끌어올리는 역할을 한다. 그 결과 골반이 접힌 모습을 띤다. 러너라면 해봤을 법한 피치 훈련이 바로 장요근과 다른 고관절 굴곡근을 주력으로 사용하는 훈련이다. 장요근을 강화하기 위한 몇 가지 운동법을 소개한다.

[초급] 다리 들기 펄스(pulse)

장점: 대퇴사두근의 보상 없이 장요근을 비교적 고립해 자극할 수 있다. 동작이 단순해 부상 위험이 적고 자극은 명확하다.

준비 자세: 코어를 단단히 고정하고 운동할 다리를 'ㄱ'자로 들어올린다.

동작: 하복부를 잠그고 장요근을 의식하면서 무릎을 들어올리고 내리

기를 반복한다(①-②-①-②). 지시 사항은 '무릎을 들어라'지만, 몸통에 가까이 있는 타깃 근육(장요근)을 사용해 결과적으로 무릎이 움직이는 동작임을 인지하며 수행해야만 고관절 앞쪽 근육에 자극을 줄 수 있다. 한 다리당 약 60~90초 수행한다.

주의 사항: 골반이 후방 경사되지 않도록 척추를 곧게 유지하고, 지지하는 다리의 무릎이 접히지 않도록 한다.

변형: 운동하는 다리의 발에 케틀벨이나 밴드를 걸어 난이도를 높일 수 있다.

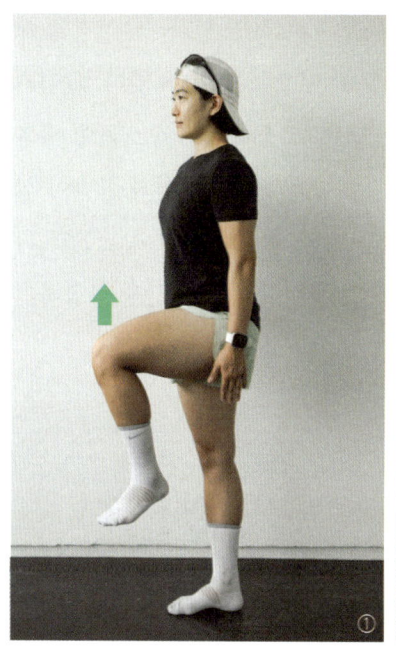 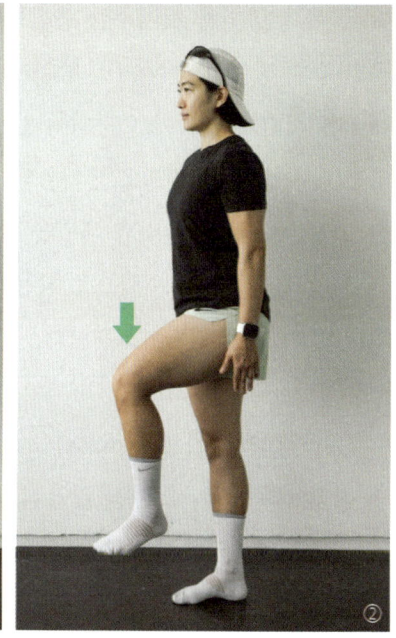

다리 들기 펄스

[고급] 벤치 힙 플렉서 힌지(bench hip flexor hinge)

장점: 장요근의 강한 스트레치(신장성 수축)와 수축(단축성 수축)을 반복해 타이트한 장요근을 늘리면서 강화할 수 있는 운동이다. 동작을 해보면 코어 자극이 강하게 느껴지는데, 장요근뿐 아니라 장요근과 코어 전

벤치 힙 플렉서 힌지

반의 협응 능력도 기를 수 있다. 한 다리를 손으로 잡고 수행하면 장요근 집중적으로, 다리를 잡지 않고 하면 난이도가 높아지며 코어가 더 많이 자극된다.

준비 자세: 운동할 다리의 발은 지지대에 걸어놓는다. 지지대는 체중을 지탱할 만큼 무게가 충분하다면 케틀벨, 바벨, 덤벨 등 어떤 도구든 가능하다. 코어에 힘을 주고 한 다리를 90도로 접어올린다. 이 다리는 양손으로 잡아도 되고, 자신 있다면 잡지 않고 팔을 아래로 쭉 뻗은 채로 준비한다.

동작: 준비 자세에서 천천히 뒤로 눕는다. 몸이 바닥과 수평에 가까워지면 멈춘다. 다시 코어를 꽉 잠그고 하복부와 장요근에 힘을 주며 앉은 자세로 돌아온다.

주의 사항: 뒤로 넘어가지 않도록 주의하고, 허리가 절대 뒤로 꺾이지 않도록 한다. 코어 힘이 상당히 많이 필요한 동작이므로 초보자에게는 적합하지 않을 수 있다.

중둔근: 골반이 옆으로 빠지고 좌우 착지 균형이 맞지 않는다면

달리기 착지 시 골반에서 생기는 대표적인 자세 문제는 골반이 한쪽으로 빠지는 현상이다. 이렇게 되면 하체의 에너지가 측면으로 누수되면서 착지 순간에 필요한 하체의 강직도를 만들어내지 못하기도 하

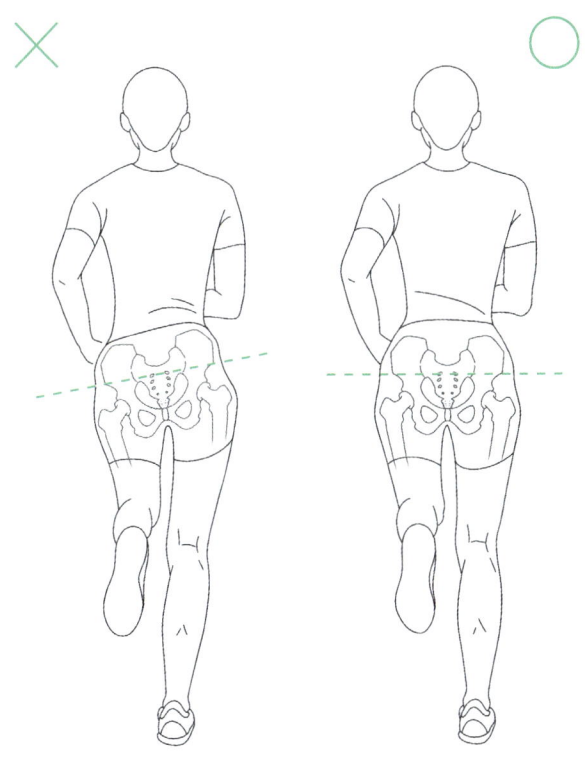

지만, 더 큰 문제는 몸무게로 바닥을 찍어내리는 충격을 근육이 탄성 있게 흡수하지 못해 그 자극이 관절로 전달된다는 점이다. 특히 다리 바깥쪽 근육이 짧아지고, 계단을 내려갈 때 무릎 바깥쪽 통증이 나타나는 장경인대 증후군 등의 부상에 취약해진다. 연쇄적인 보상 작용으로 발목이 안으로 눌리게 되어 발목 주변부에도 불편감이 생길 수 있다.

물론 몸의 문제는 하나의 근육 때문이 아니라 연쇄 작용의 결과로 나타나지만, 문제와 해결이라는 관점에서 골반의 한쪽 높임hip hike의 원인을 찾는다면 대표적인 것이 중둔근 약화라고 할 수 있다. 중둔근은 골반 위쪽, 바깥쪽에 위치한 근육으로 한 다리가 체중을 지지하는 동안 골반이 좌우로 기울어지지 않도록 안정성을 유지하는 역할을 한다. 중둔근은 아래 허리에 인접해 있고, 아래 허리는 골반 움직임의 영향을 받기 때문에 장요근과 마찬가지로 허리 안정화에 중대한 기여를 한다. 다음 운동으로 단련할 수 있다.

[중고급] 월 터치 루마니안 데드리프트(wall touch RDL)

준비 자세: 벽 옆에 발 하나 간격 정도 떨어져서 선다. '앞으로 나란히' 자세를 취했을 때 어깨가 벽에 닿지 않도록 한다. 벽으로부터 멀리 떨어질수록 어렵고 가까울수록 쉬우니, 자신에게 맞게 벽과의 거리를 조정한다. 벽과 가까운 다리가 운동하는 다리이며, 남는 다리는 가볍게 들어준다.

동작: 힙 힌지(골반 접힘)를 통해 가슴이 바닥과 평행할 때까지 내려가며, 이때 운동하는 다리의 힙이 벽에 닿도록 한다. 내려간 후 코어를 잡고 내전근을 활성화시켜 놓은 뒤(안정근) 운동하는 다리의 중둔근, 대둔근, 햄스트링을 이용하여 제자리로 돌아온다. 힙이 벽을 터치하며 사선 움직임을 만들어내며 내려갔으므로 돌아올 때도 사선 움직임을 통해 돌아온다.

주의 사항: 들고 있는 다리가 스윙하는 힘을 과하게 사용하면 운동 집중도가 떨어지므로 주의한다. 또한 힙으로 벽을 밀어내는 힘을 사용하여 올라올 경우 중둔근에 집중적으로 걸리는 부하가 누수되므로 근육의 힘을 통해 천천히 조절하며 운동한다.

월 터치 루마니안 데드리프트

대퇴 사두근 및 발목 주변부 근육: 착지 충격을 견디는 능력을 키우고 싶다면

달리기 착지의 모양새를 그대로 모방하고 있기 때문에 내가 가장 중요하게 생각하는 운동이다. 무릎 안정화를 중심으로 골반 주변부 근육, 발목 주변부 근육(비복근, 가자미근, 전경골근)도 함께 강화시켜 준다. 무릎은 골반과 발목의 움직임을 따라가기 때문에 위(골반)와 아래(발목)를 함께 바른 정렬로 잡는 것이 효과적이다.

체중을 그대로 사용한다는 점 또한 매력적이다. 달리기의 착지는 무릎을 굽힌 상태로 체중을 견디며 이루어지기에, 무릎을 접은 자세로 체중을 사용하는 운동이 가장 적합하다는 생각에서 이 운동을 추천한다.

나는 주로 한 자세에서 세 가지 운동을 연속적으로 수행하도록 가르치나, 세 가지 동작 중 선택하여 수행해도 좋다. 맨몸으로는 부하가 부족하다면 손에 무게를 들고 수행하면 된다.

[기본 동작] 싱글 레그 니 벤트 힐 리프트 홀드(single leg knee bent heel lift hold)

준비 자세: 한 팔을 안정적인 곳에 지지하고, 팔을 지지한 쪽과 가까운 다리는 앞으로 쭉 뻗어준다. 그 다음 바깥쪽, 즉 운동하는 다리의 무릎을 자연스럽게 접어준다. 운동하는 쪽 다리의 뒤꿈치를 높게 들어준다. 이때 위로 키가 커지는 느낌보다는 무릎이 앞으로 더 밀려서 뒤꿈치가 들리는 연상을 하며 들어준다.

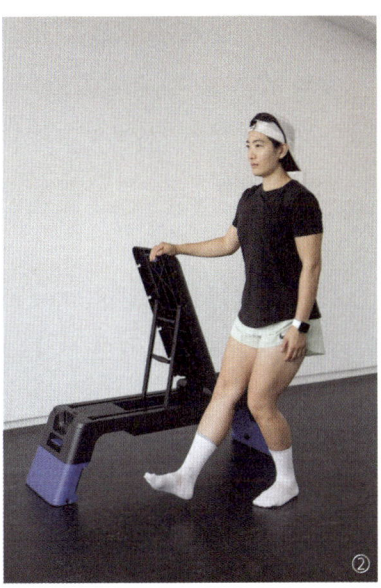
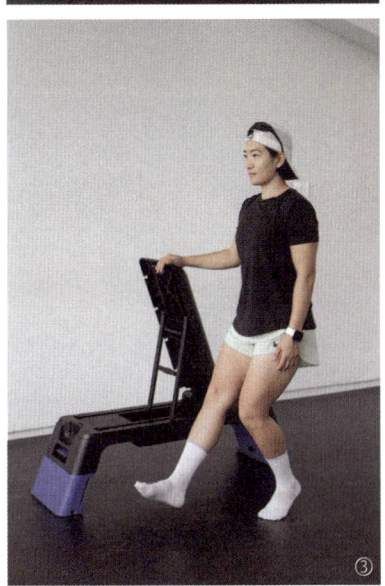

싱글 레그 니 벤트 힐 리프트 홀드

동작: 약 30~60초 가량 홀드한다.

주의 사항: 발목이 바깥쪽으로 빠지지 않게, 즉 체중이 새끼발가락 쪽으로 과하게 실리지 않게 발볼 전체에 체중을 고르게 실어준다. 무릎이 정면을 유지하고 골반도 바른 정렬을 유지한 채로 버틴다.

[연결 동작] 니 익스텐션(knee extension)

첫 번째 동작의 홀드로는 자극이 부족하다면, 두 번째 연결 동작을 수행해 보자. 이 동작은 특히 무릎을 안정화하는 근육들을 강화시켜 준다. 뒤꿈치를 계속 같은 높이로 유지한 채로 천천히 운동하는 다리의 무릎을 폈다가 다시 접어준다. 빠르게 수행하면 운동의 질이 저하될 수 있으니 통제 가능한, 충분히 느린 속도로 한다. 상체를 수직으로

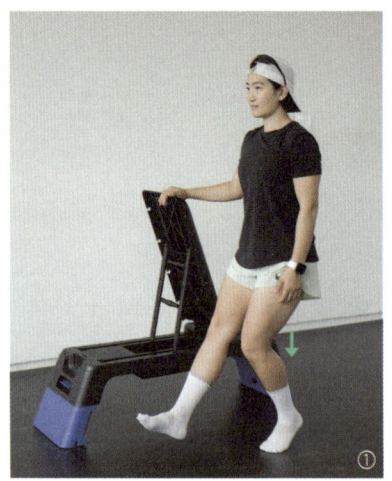 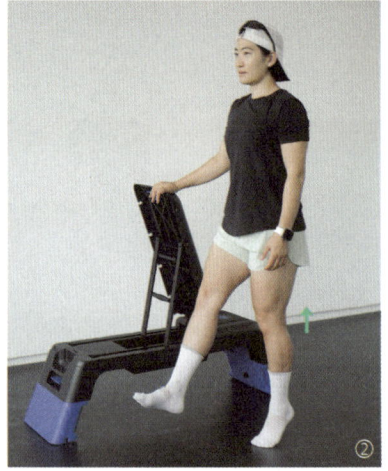

니 익스텐션

유지하며 몸이 뒤로 눕혀지지 않도록 주의한다. 5~10회 반복한다.

[연결 동작] 힐 클릭(heel clicks)

세 번째 연결 동작은 특히 발목 주변의 근육을 강화시켜 준다. 무릎을 굽히고 뒤꿈치를 든 준비 자세에서 뒤꿈치를 들었다 놨다 한다. 이때 위 아래로 움직이기보다는 무릎이 앞뒤로 움직이며 뒤꿈치가 들리고 내려지는 동작이 되어야 한다.

주의 사항: 위아래로 튕기며 수행하지 않는다. 상체는 무거운 추처럼 유지한다. 뒤꿈치 움직임이 너무 작으면 자극이 제대로 오지 않는다. 다소 빠른 템포로 수행해도 좋다.

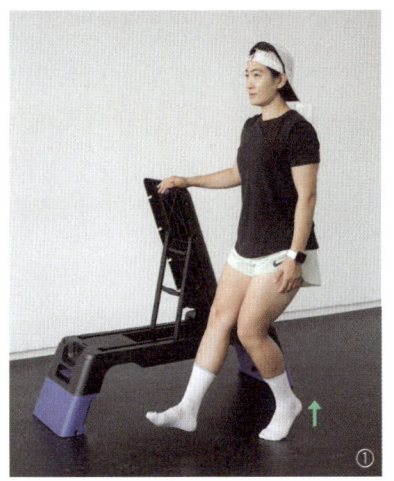 

힐 클릭

둔근과 햄스트링: 앞허벅지와 종아리로만 달리고 있다면

단순화해 하는 이야기이지만, 보디빌더처럼 몸의 각 부위를 의식적으로 골고루 운동하지 않으면, 혹은 개별 부위에 대한 인지 능력이 발달하지 않았다면 일반적으로 겪게 되는 하체 근육의 발달 과정이 있다. 처음에는 누구나 앞허벅지 발달을 느끼고, 그 다음은 힙, 햄스트링, 그리고 마지막에 내전근 발달을 느끼게 된다. 앞허벅지는 하체 운동 시에 자연스럽게 가장 우세하게 개입시키는 부위이지만, 후면 근육들이나 내전근은 운동 초보자일수록 의식해서 별도로 운동해야 한다. 하체 부상은 좌우 불균형 말고도 앞뒤 힘 또는 유연성의 불균형에서 오는 경우가 많기 때문이다.

힙과 햄스트링은 달리기에서 대퇴사두근과 함께 바닥을 찍어내리거나 밀어낼 때 사용한다. 이는 달리기 시 힙을 효과적으로 사용하기 위해서는 코어를 잘 잡고, 과한 요추 전만을 지양해야 하는 이유이기도 하다. 달리기 추진 단계의 동작(왼쪽)과 스탠딩 케이블 힙 익스텐션 동작(오른쪽)이 굉장히 유사하지 않은가? 두 운동 모두 허리를 꺾게 되면 둔근의 파워를 사용하지 못하고 허리로 자극이 누수되며 통증이 발생할 가능성이 높아진다.

둔근과 햄스트링은 앞허벅지와 대립하는 상대역, 즉 길항근으로서 서로 지지하는 역할을 한다. 달리기에서의 역할을 세부적으로 살펴보면 첫째, 대퇴사두와 마찬가지로 바닥에 착지하면서 충격을 흡수하고, 둘째, 바닥을 차고 나가는 과정에서는 바닥을 밀어내며, 마지막으로

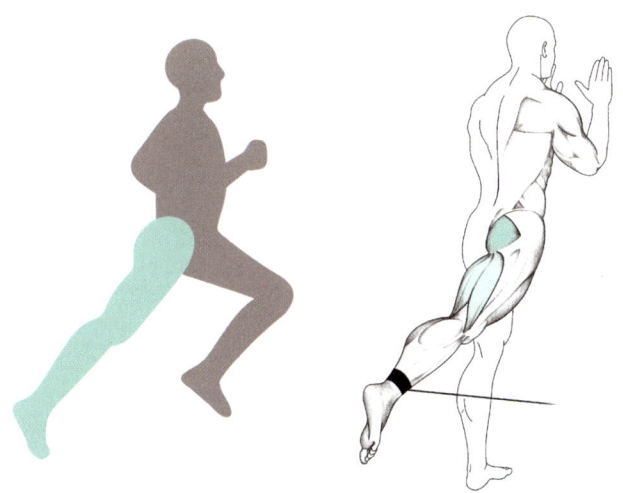

달리기 추진 단계의 동작(왼쪽)과 스탠딩 케이블 힙 익스텐션 동작(오른쪽)

스윙 단계에서는 햄스트링이 접히며 롤링을 만드는 역할을 한다. 다른 하체 근육과 마찬가지로 달리기 전 과정에서 사용된다. 햄스트링은 특히 접고 펴는 움직임이 상당히 동적으로 이루어지고, 속도를 내기 위해 보폭과 롤링 수준을 높이는 경우 유연성도 많이 필요하다.

피트니스에서는 둔근과 햄스트링 운동이 주로 결합되어 이루어지므로(루마니안 데드리프트 등) 기본적인 하체 운동을 챙겨서 하고 있다면 둔근과 햄스트링의 좌골뼈 부착부의 움직임은 충분히 사용하고 있을 것이다. 그렇지만 헬스 동작들은 주로 골반을 접었다가 펴는 동작들에 집중되어 있다. 이에 반해 달리기는 힙 힌지를 지양하므로, 힙 힌지가 되지 않은 상태에서 힙과 햄스트링을 강화하는 간단한 두 가지 방법을 소개하고자 한다.

[중고급] 햄스트링 브릿지

준비 자세: 양다리를 산 모양으로 세운 뒤, 발을 몸으로부터 멀리 보내준다. 멀리 보낼수록 힘드므로, 역량껏 멀리 보낸다. 발이 골반에서 멀어질수록 햄스트링 운동에 가깝고, 골반에 가까이 올수록 힙 운동의 속성을

햄스트링 브릿지

갖는다. 너무 가까이 설정하면 대퇴사두에 불필요한 자극이 커질 수 있으니 주의한다. 그 상태로 앞 발볼을 들어준다(①). 힙을 위로 들어 몸통이 사선 일직선이 되도록 한다(②). 골반이 펴졌는지 확인하고, 허리를 중립으로 유지한다. 몸무게가 뒷목으로 너무 많이 실리지 않도록 주의한다.
동작: 한 다리를 90도로 접으며 들어주고, 한 다리는 그대로 버텨준다(③). 20~90초 홀드한다.
주의 사항: 든 쪽 다리로 골반이 회전하면 허리가 아플 수 있으니, 골반을 수평하게 유지하도록 노력한다. 버티기 힘들면 골반 높이를 낮추어도 되나, 허리가 꺾이면 안 된다.

[중급] 햄스트링 컬 홀드

준비 자세: 무릎을 꿇고 한 다리를 앞으로 세워낸다(①). 이때 발목이 무릎보다 살짝 더 앞으로 가게 한다. 코어를 잠근 채로 고관절을 살짝 앞으로 밀어준다(②).
동작: 뒷다리의 발뒤꿈치가 힙 가까이 오게 한다. 햄스트링을 쥐어 짜는 느낌으로 버틴다(③). 뒷다리의 각도가 너무 커지지 않도록 계속 햄스트링에 힘을 주며 버틴다.
주의 사항: 허리를 눌러서 버티지 않도록 코어 힘을 주며 계속 척추는 길게 유지한다. 뒷발 끝이 천장이 아닌 바닥을 향하게 한다(발등 굽힘).

이 책에 소개된 운동 외에도 다양한 상하체 운동, 코어 운동, 균형 잡기 운동을 통해 전신의 발달을 도모하는 것이 이상적이다. 그에 더

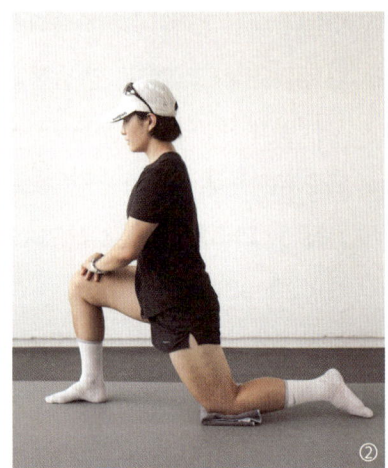

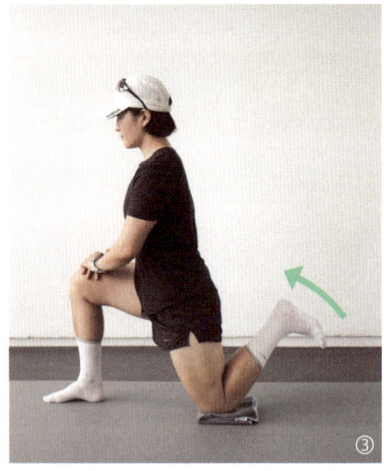

햄스트링 컬 홀드

해 달리기 특정적인 보강 운동(피치 운동 등)을 추가로 수행하면 부상이 예방되는 동시에 퍼포먼스도 향상될 것이다.

10 달리기를 위한 근력 운동

11 진짜 숨쉬기를 시작하는 법

가짜 숨쉬기에 갇힌 현대인

"깊게 들이마시고 내쉬세요. 하나, 둘, 셋, 넷……."

운동을 지도하다 보면 다른 사람의 숨쉬는 소리를 들을 일이 많다. 호흡을 카운트하며 매트에 누운 사람들의 흉곽과 갈비뼈가 오르락내리락하며 움직이는 모습을 본다. 폐가 부풀어오르기 시작한 지 2초, 3초… 조금만 더…! 그렇지만 숨이 더 들어오지 못하고 새어나가버린다. 날숨도 바로 내뱉으니 길게 오래 내쉬지 못한다. 다시 한번 강조해 말한다. "가짜 숨, 옅은 숨, 형식적 숨을 쉬지 않도록 집중해 보세요. 다시 하나, 둘, 셋…"

이렇게 애를 써도 숨을 편안하게 쉴 수 있는 사람은 많지 않다. 스쿼트나 푸시업과 같은 운동 동작을 못하는 것은 충분히 이해가 간다. 그런 건 배워야 할 스킬 중 하나일 뿐이고, 반복할수록 힘도 생기고 자세에 대한 이해도도 높아지며 점진적으로 개선된다. 그런데 우리의 자아보다 앞섰던 숨쉬기, 모든 살아있는 사람의 필요조건이자 하루에 2만 번씩이나 하는 호흡이라는 행위를 제대로 못하는 이유는 무엇일까?

현대인의 호흡이 얕고 가쁜 이유는 하나의 원인으로 설명되지 않는다. 우리가 살아가는 환경과 몸의 사용 방식, 그리고 호흡 자체에 대한 무관심이 오랜 시간에 걸쳐 복합적으로 상호 작용한 결과다. 이런 요소들이 서로 영향을 주고받으며 우리는 점점 더 얕게, 더 빠르게 숨을 쉬게 된다. 얕게 숨쉬는 것은 목마를 때 바닷물을 마시는 것과 같아서 몸이 점점 더 산소를 갈구하게 만든다. 어느새 깊고 느린 호흡이 아닌

'가짜 호흡'에 익숙해진다.

이유를 살펴보면 우선 스트레스가 있을 것이다. 스트레스를 받으면 목이 뻣뻣해지고 편안한 호흡을 하기가 힘들어진다. 위협을 감지한 교감 신경이 작동하며 심박수가 높아지고 호흡이 빨라지기 때문이다. 싸우거나 도망쳐야 할 상황이 아니더라도, 현대 사회에서는 회의, 마감, 인간관계 등 긴장을 유발하는 일이 끊임없이 일어난다. 몸은 늘 '사자를 마주친 상태'처럼 반응하며, 호흡은 점점 빠르고 얕아진다.

자세의 문제도 크다. 하루의 대부분을 앉아서 보내는 사람은 등이

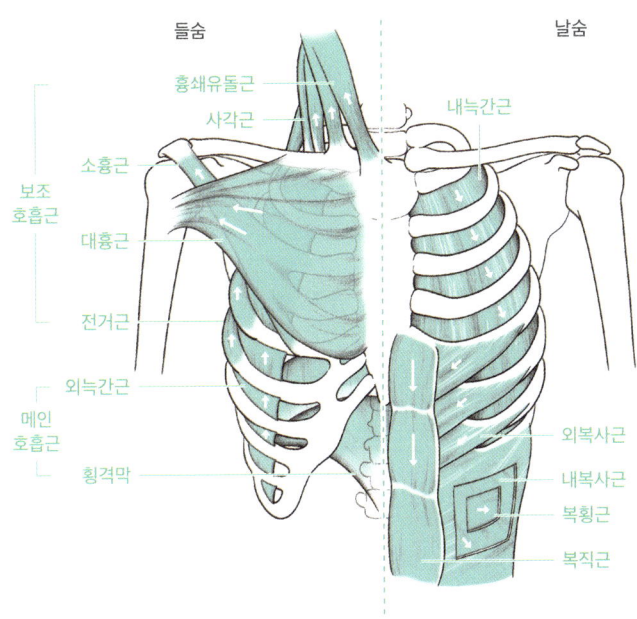

호흡에서 주로 사용해야 할 근육은 횡격막과 늑간근이다. 목 주변의 흉쇄유돌근과 사각근, 가슴 주변의 소흉근과 대흉근, 전거근 등은 보조 호흡근에 해당한다.

굽고 어깨가 말리며, 목은 앞으로 빠진 체형이 되기 쉽다. 이런 자세는 흉곽의 움직임을 제한하고, 호흡에서 주도적인 역할을 해야 할 횡격막과 늑간근이 제 기능을 하지 못하게 만든다. 목 주변 근육이나 가슴 근육 등의 보조 호흡근을 사용하는 보상이 일어나면서 호흡이 깊이 들어가지 못한 채 가슴 위쪽에만 얕게 머무는 형태로 굳어진다.

입으로 숨쉬는 습관도 깊은 호흡을 방해한다.[91] 언급한 원인들 중 호흡에 가장 심각하고 부정적인 영향을 주고 있을 것이다. 스트레스나 틀어진 자세는 잘못된 호흡 때문에 일어나고 있을 수 있기에 이 경우 호흡을 개선하면 자연스레 일정 부분 개선된다. 그러나 입으로 숨쉬는 습관은 호흡을 개선하려면 반드시 바꾸어야 한다.

코 호흡: 천천히, 깊이, 효율적으로 들이쉬고 내쉬기

수능이 끝난 고등학교 3학년, 친구들과 기숙사에서 치킨을 먹으며 한 친구가 유명 성형외과에서 코 성형 상담을 받은 이야기를 흥미진진하게 들은 적이 있다. "너무 비싸다", "어떤 모양으로 하고 싶냐" 같은 수다스러운 대화들이 흘러갔다. "위험하진 않대?" "의사가 코는 생각보다 그렇게 중요한 기관이 아니기 때문에 크게 걱정할 건 없다고 했어." "그래? 우리가 뭘 알겠어. 의사 말이 맞겠지. 잘 히고 와!"

---

[91] Sandra Kahn and Paul Ehrlich, 『Jaws: The Story of a Hidden Epidemic』, Stanford University Press, 2018.

그로부터 약 10여 년 뒤, 나는 마라톤 대회를 준비한다고 인테이크 브리딩intake breathing에서 나온 자석형 비강 확장기를 아마존에서 구입하면서 그 친구 생각을 한다. 비강 확장기는 코를 좌우로 물리적으로 넓혀 공기가 더 많이 들어올 수 있도록 도와주는 기구다.[92] 코 호흡을 원활하게 해주며, 코막힘에 도움을 준다.[93] 사람마다 체감하는 효과의 수준은 다르나, 마라톤과 철인3종 선수들, 코막힘과 코골이로 고생하는 사람들이 편안한 숨을 위해 사용한다. 물론 성형외과 의사들이 주장하듯이 콧볼을 축소한다고 모두가 숨쉬기 어려워지는 것도, 민감한 코 내부를 건드는 것도 아니지만, 이 기구의 원리와 반대로 콧볼을 물리적으로 축소시키면 코로 들어가는 공기량이 줄어들며 호흡이 더 어려워지는 사람도 있을 것이다.

인간의 입은 음식을 먹도록, 코는 호흡하도록 설계되었다.[94] 어찌되었든 코는 우리 몸의 주요 기관이다. 코 호흡이 잘 안 되면 높은 확률과 개연성으로 장기간에 걸쳐 심폐 건강이 악화되고 교감 신경이 항진되어 불안감이 높아지며, 수면의 질이 떨어질 수 있다. 이는 직간접적으로 우울증, ADHD, 치매 등에 더 취약한 상태를 만든다. 『호흡의 기술』의 저자 제임스 네스터는 코로 호흡하지 않는 것의 부작용 중 하나는

---

[92] 연구들은 비강 확장기가 코막힘에는 효과가 있고, 코골이에는 효과가 있을 수도 있으며, 수면 무호흡증에는 효과가 없다고 일반적으로 결론내고 있다.
[93] Matteo Gelardi et al., 「The Role of an Internal Nasal Dilator in Athletes」, 『Acta Biomedica』, 2019. 이기일 외, 「상업적으로 시판되는 코골이 방지 기기의 임상적 고찰」, 『대한이비인후-두경부외과학회지』, 2023.
[94] J. O. Lundberg et al., 「Nitric Oxide in Exhaled Air」, 『European Respiratory Journal』, 1996.

조기 사망이라고 말하기도 한다.

　이 책에는 네스터가 스탠포드의 비과학rhinology 실험실에서 열흘은 입 호흡만 하고, 그 다음 열흘은 코 호흡만 하면서 건강 지표의 변화를 추적하는 내용이 흥미진진하게 나와 있다. 실험 전후 결과가 마치 영화 각본처럼 너무나도 극적이고 확실하다. 입 호흡을 했을 때 혈압은 실험 전보다 평균 13이나 급상승하며 완연한 고혈압 1기에 진입하고, 신경계 균형의 척도인 심박수 변동성은 뚝 떨어져 몸이 스트레스 상태에 놓여있음을 시사하게 되었으며, 정신 선명도는 바닥을 치고, 코골이는 열흘 전보다 48.2배나 늘었다. 저자는 입 호흡 실험 후 처음으로 코막힘과 수면 무호흡증을 앓기 시작했음을 자각했다고 말한다. 운동 선생님들이 책을 추천해 달라고 하면 나는 이 책을 단연 첫번째로 꼽는다. 몸과 정신 사이에 놓인 호흡이라는 견고한 다리를 이해하게 되기 때문이다.

　네스터가 실험실에서 경험한 코 호흡의 장점 및 입 호흡의 단점은 반복적인 연구를 통해 기정사실로 간주되고 있다. 자세나 코어 안정성 역시 결국 호흡으로 귀결된다. 어떤 정보는 한 번 알게 되면 이전처럼 행동하기 어려워진다. 이 책을 읽은 독자들 역시 코 호흡을 당연한 선택처럼 받아들이게 되길 바란다. 이 챕터에서는 코 호흡의 이점을 자세히 다루고자 한다. 달리기 시 코로 호흡해야 하는지, 입으로 호흡해야 하는지 질문하는 사람이 많은데, 과학적인 이해를 통해 일상 전반은 물론 달리기 중에도 코 호흡이 일반적으로 유익하리라는 사고의 결론에 다다르기를 바란다. 물론 언제나 코 호흡이 가능한 것은 아니다. 예를 들어 최대 속도로 달릴 때에는 거의 불가능하다. 또, 코 호흡이 언제나 운동 퍼포먼스에 중대한 차이를 이끌어내지는 않는다. 퍼포먼스 측면에서는 코로 마시고 입으로 내쉬는 것이 더 유리할 수도 있다.

| 호흡 경로에는 저항이 필요하다

입 호흡과 코 호흡 중 무엇이 더 쉬울까? 달리기 수업에서 이 질문에는 대부분의 참석자들이 답을 맞춘다. 입 호흡이 쉽고, 코 호흡이 더 힘들다. 겉에서 보이는 작은 세모 모양의 코 뒤로는 '비강 nasal cavity[95]'이라는 넓은 공간이 펼쳐져 있는데, 그 내부에 코선반, 점막, 섬모, 부비동 등 다양한 구조물들이 복잡하게 얽혀 있어 공기의 흐름을 늦추고 저항을 크게 만들기 때문이다.

숨쉬기는 왠지 자연스럽게, 편안하게, 느긋하게 하는 편이 이상적일 것 같고, '저항'이라는 단어는 잘 어울리지 않는 것 같다. 그러나 호흡에서는 저항이 유리하게 작용하며, 그 덕분에 더 많은 산소를 받아들일 수 있다.

---

[95] 비강은 콧속의 공간으로, 비중격에 의해 왼쪽과 오른쪽으로 나뉜다. 안쪽은 점막으로 덮여 있는데, 표면에는 운동성이 있는 긴 섬모가 있어 습도를 유지하고, 피지를 분비해 흡입된 공기 속 불순물을 제거한다. 외부 공기는 비전정과 코선반을 지나며 가습, 난방, 여과 과정을 거치고 비강 내 섬모에 의해 불순물이 제거되어 호흡에 적합한 상태가 된다. (참고: 서울아산병원 인체정보, '비강')

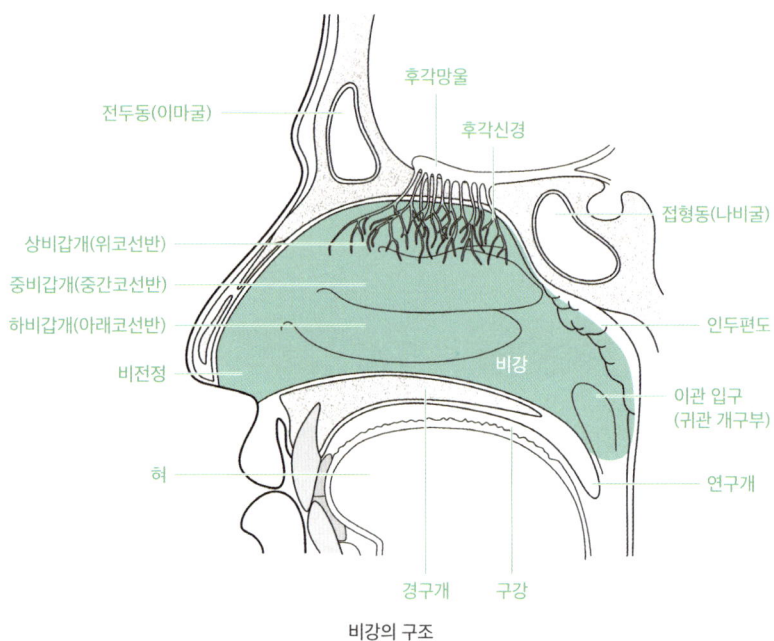

비강의 구조

　코 호흡에는 입 호흡보다 훨씬 더 큰 노력이 필요하다. 실제로 코로 숨을 들이마시고 내쉴 때는 입 호흡에 비해 약 50%나 큰 공기 저항이 발생한다.[96] 직접 내쉬어 보면 차이를 쉽게 알 수 있다. 입으로 내쉴 때는 '후~' 하는 큰 소리와 함께 많은 양의 공기가 빠르게 빠져나가지만, 코로는 '흥~' 화가 난 듯한 콧김 소리가 나면서 숨을 빠르게 많이 내쉬기 어렵다. 이런 이유로 코 호흡을 하면 숨이 몸 안에 오래 머무르고,

---

[96] Yukio Tanaka et al., 「An Assessment of nasal functions in control of breathing」, 『Journal of Applied Physiology』, 1988.
Caroline Williams, 「How to Breathe Your Way to Better Memory and Sleep」, 『New Scientist』, 2020. 1. 8.

11 진짜 숨쉬기를 시작하는 법

자연스럽게 호흡도 느려진다.[97] 여기에 앞으로 이야기할 장점들이 함께 작용하며 우리 몸은 코 호흡을 했을 때 입 호흡보다 최대 20% 더 산소를 섭취하게 된다.

코 호흡의 저항이 주는 축복은 기도가 더욱 넓게 열리고, 숨은 더 깊어지며 이에 따라 심장과 폐가 더 효율적으로 작동하고, 폐의 용적도 넓어지는 것이다. 즉 단순히 공기의 통로가 달라지는 것이 아니라 우리 몸의 순환계와 호흡계의 건강이 개선된다.

그렇다면 입으로 숨을 쉬는 것은 어떤 결과를 낳을까? 입은 공기를 거의 걸러내지 않고 그대로 몸 안으로 들여보낸다. 입 호흡은 코 호흡에 비해 공기 흐름에 가해지는 저항이 매우 작아 공기가 빠르게 통과하지만, 이로 인해 입 뒤쪽의 연조직들이 휘어지고 무너지기 쉽다. 조직의 변화는 기도 통로를 좁게 만들어 숨쉬기 어려운 환경을 조성하며, 장기적으로는 얼굴 뼈의 성장과 구조에도 영향을 미친다. 지속적인 입 호흡은 얼굴을 길게 만들고, 아래턱을 내려앉게 하며, 치열이 흐트러지고 턱뼈가 늘어지는 변형[98], 즉 악안면 성장과 부정교합을 유발한다. 이를 '입 호흡 얼굴mouth breather face'이라 부르기도 한다.[99]

여러 특징이 있지만 '무턱'이 되고, 얼굴이 길어지며, 치열이 어긋날

---

[97] 코 호흡을 하면 평상시 숨을 내쉰 뒤 폐 속에 남아 있는 공기량, 즉 기능적 잔기량(functional residual capacity)이 높아지며 폐 용적이 증가한다. 기능적 잔기량은 폐가 완전히 허탈되는 것을 방지하고, 다음 들숨 시 산소 교환이 원활히 일어날 수 있도록 돕는다.

[98] Ruth Allen, 「The health benefits of nose breathing」, 『Nursing in General Practice』, 2015.

[99] Yukako Masutomi et al., 「Mouth breathing reduces oral function in adolescence」, 『Scientific Reports』, 2024.

구분	코 호흡 얼굴 특징	입 호흡 얼굴 특징
광대뼈	광대뼈가 잘 발달됨	광대뼈가 납작하고 발달이 부족함
치아 배열	치아가 고르게 배열됨	부정교합, 덧니 등 치열 불균형
얼굴 형태	얼굴이 넓고 균형 잡힘	얼굴이 길고 폭이 좁음
코 모양	코가 곧고 균형 잡힘	휘어진 코
기도 크기	기도가 충분히 넓음	기도가 좁아져 수면 무호흡 유발 가능
눈	눈이 또렷하고 생기 있어 보임	눈 밑이 꺼지거나 흐릿해 보임
턱 발달도	턱이 잘 발달됨	소위 '무턱', 아래턱이 뒤로 밀려 있음
입 모양	입이 자연스럽게 닫힘	입이 벌어져 있음
전반적인 인상	건강하고 활기찬 얼굴 인상	무기력하고 피곤해 보이는 얼굴 인상

입 호흡과 코 호흡을 했을 때 얼굴의 일반적인 특징

확률이 높다. 나이가 들수록 얼굴이 변하는 건 자연스럽지만 입 호흡 얼굴의 특징이 특히나 부각되고 있다면 호흡 방식을 변경하는 것이 좋겠다.

공기 여과, 가습 효과 및 면역 반응

코를 통해 호흡하면 공기는 많은 경로를 거쳐 폐로 유입된다. 이때 공기가 여과되고 가습된다. 코털과 점막은 공기 중의 먼지, 알레르기 유발 물질, 오염 물질을 걸러내어 폐로 이물질이 직접 들어가는 것을 막아 호흡기 건강을 보호하고, 비강은 공기를 가습하고 따뜻하게 만들어 건조하고 차가운 공기가 호흡기를 자극하는 것을 방지한다. 이는

	코 호흡	입 호흡
호흡 경로와 공기 저항	공기 저항이 크며, 자연스러운 속도로 호흡이 이루어짐	공기 저항이 적으며, 과호흡을 유발할 수 있음
공기 여과 및 가습 효과	비강 내 섬모와 점막을 통해 공기가 효과적으로 여과 및 가습됨	자연적인 여과를 우회하며 공기를 가습하지 않아 체내 수분 손실 증가
면역 반응	공기 중 병원체 차단에 유리, 면역계에 긍정적	병원체가 필터링 없이 직접 폐로 유입될 가능성 높음
산화질소 생산 여부	비강에서 생성되며 폐의 산소 흡수를 돕고 항균 작용을 함	산화질소가 생성되지 않음
산소-이산화탄소 교환과 호흡 효율	이산화탄소 보존 및 산소 흡수 효율이 높아짐	과호흡으로 인해 이산화탄소 배출이 과다해지며 산소 활용 효율이 저하될 수 있음
수면의 질 및 전반적 웰빙	부교감 신경 활성화에 유리, 이완과 스트레스 감소 → 수면의 질 향상	교감 신경 항진 유발, 각성과 스트레스 증가 → 수면의 질 저하
결과	부교감 신경 활성화, 면역력 강화, 혈압 개선, 수면의 질 향상, 이완과 스트레스 감소 등의 긍정적 효과들이 발생하며 전반적인 육체적·정신적 건강 수준이 높아짐.	코골이, 수면 무호흡증, 만성 불면증, 치주질환, 구취, 충치, 기분 장애, 혈압 이상, 학습 장애, (전전두엽 피질의 산소 결핍으로 인한) ADHD, 당뇨병, 고혈압, 암, 야뇨증 등으로 발전 가능성이 있으며 장기화 시 심부전, 우울증, 기억력 감퇴 등에도 영향을 줄 수 있음.

호흡기 자극으로 인한 기침이나 만성 호흡기 질환을 예방하는 데 중요한 역할을 한다.

반면, 입 호흡은 코 호흡과 다르게 필터가 없어 1차 면역 방어 기능이 거의 없으며, 공기의 가습 과정을 거치지 않는다. 건조한 공기가 계속 호흡기를 자극하고, 기침이 반복되면 호흡기 질환이 만성화될 수 있다. 또한, 입 호흡은 코 호흡보다 체내 수분 손실이 약 40%나 더 크며[100], 건조한 공기가 직접 목구멍에 닿으면 구강 내 세균 증식 위험이 증가해 염증, 충치, 편도염 발생 가능성도 높아진다.[101] 입 호흡을 하고, 코를 골며 자는 사람은 자고 일어나면 목도 따갑고 몸이 건조한 느낌이 들 것이다. '물도 자주 마시는데 왜 이렇게 건조할까' 의문을 갖고 있을지도 모른다.

산화질소 생산

코 호흡의 생리학적 이점 중 하나로 자주 언급되는 것이 산화질소(NO)의 풍부한 생성이다. 산화질소에 관해서는 생리학적인 설명을 자세히 하기보다는 운동하는 사람들에게 필요한 수준에서 내용을 정리하고자 한다. 산화질소는 혈관을 이완 및 확장시키고 전신 혈액 순환을 돕는 분자로, 항염·항바이러스 기능이 있다. 산화질소의 생리학적 역할을 발견한 과학자들은 1998년에 그 공로를 인정받아 노벨 생리학·의학상을 수상하기도 했다.

산화질소는 전신에서 매우 다양한 방식으로 생성되지만, 그중에서도 코의 코곁굴(부비동)에서 가장 활발하게 생성된다.[102] 코로 숨을 들이쉴 때, 공기에는 코에서 생성된 산화질소가 풍부하게 섞이며 폐와

---

[100] Sophie Svensson et al., 「Increased Net Water Loss by Oral Compared to Nasal Expiration in Healthy Subjects」, 『Rhinology』, 2006.
[101] Manpreet Kaur et al., 「Influence of Mouth Breathing on Outcome of Scaling and Root Planing in Chronic Periodontitis」, 『BDJ Open』, 2018.

혈액에 구석구석 들어가게 된다. 산화질소는 여러 작용을 하지만, 그중 주목할 만한 건 혈관과 기관지(폐)를 확장하는 기능이다.[103] 혈관이 확장되는 건 마치 차로의 차선이 느는 것과 같다. 차로가 뻥 뚫리듯 혈액 순환도 더 잘되고, 혈압은 낮아지며 신진대사가 활발해진다. 산화질소가 풍부해지면 혈관이 건강해지니 혈액이 이곳저곳 잘 분포되며, 산소가 필요한 곳에 더 잘 공급된다. 제임스 네스터의 『호흡의 기술』에 따르면 코 호흡만으로도 체내 산화질소 농도를 6배까지 증가시킬 수 있다. 코 호흡으로 입 호흡보다 약 20% 더 많은 산소를 흡수할 수 있는 주요한 이유다.[104]

교감 신경 대 부교감 신경의 관점에서도 산화질소를 바라보고 싶다. 혈관이 확장되면 혈압이 낮아지고 심박수도 낮아지며 서서히 부교감 신경 신호가 켜진다. 긴장한 현대인에게 코 호흡이 필요하다는 일관된 결론이 나온다.

덧붙이자면 산화질소는 코로 내쉴 경우 입으로 내쉬었을 때보다 더 많이 체외로 배출된다.[105] 그러한 점에서 일부 연구들은 코로 들이마시

---

[102] Jon Lundberg et al., 「High nitric oxide production in human paranasal sinuses」, 『Nature Medicine』, 1995.
Tomohiro Kawasumi et al., 「The functional diversity of nitric oxide synthase isoforms in human nose and paranasal sinuses: contrasting pathophysiological aspects in nasal allergy and chronic rhinosinusitis」, 『International Journal of Molecular Sciences』, 2021.
[103] 산화질소가 섞인 공기는 폐로 들어가면서 폐동맥압을 낮추고 혈관을 확장하여 산소가 더 원활히 폐와 혈액으로 이동하도록 돕는다. 이와 같은 기능 때문에 산화질소는 심각한 호흡 부전과 관련된 수술 전후 폐 고혈압 치료에 전 세계적으로 사용되고 있다.
[104] Caroline Sévoz-Couche and Sylvain Laborde, 「Heart rate variability and slow-paced breathing: when coherence meets resonance」, 『Neuroscience & Biobehavioral Reviews』, 2022.

고 입으로 내쉬는 방식이 산화질소의 축적과 흡입량을 늘려 조직 산소 포화도를 높이는 데 도움이 된다고 주장한다.[106] 이러한 방식은 이산화탄소 농도에 유의미한 변화를 주지 않으면서도 산소 전달 효율을 높였다는 점에서 주목할 만하다. 즉 과호흡 없이 호흡의 질을 개선할 수 있는 것이다.[107] 특히 운동 중 완전한 코 호흡(들숨 날숨 모두 코 호흡)이 어렵게 느껴질 때 실용적인 타협안이 될 수 있다. 다만 입으로 내쉴 때의 수분과 열 손실 같은 요소들도 함께 고려해야 하므로, 맥락에 따라 유연하게 해석하고 적용해야 할 것이다.

산소-이산화탄소 교환과 호흡 효율

우리는 흔히 산소와 이산화탄소를 흑백 논리로 대한다. 산소는 좋은 것, 이산화탄소는 나쁜 것. 숨을 더 잘 쉬기 위해서는 당연히 산소가 더 필요할 것 같고, 이산화탄소는 대사 과정의 폐기물쯤으로 생각한다.

그러나 우리 몸에는 적절한 비율의 산소와 이산화탄소가 모두 필요하다. 몸에 이산화탄소를 적절히 쌓아놓을 필요가 있다.[108] 그런데 입으

---

[105] 「The Simplest Way to Increase Nitric Oxide Through Nasal Breathing」, The Breathing Diabetic, 2020. 10. 19.
Brent Kimberly et al., 「Nasal contribution to exhaled nitric oxide at rest and during breathholding in humans」, 『American Journal of Respiratory and Critical Care Medicine』, 1996.
[106] J. O. Lundberg et al., 「Inhalation of nasally derived nitric oxide modulates pulmonary function in humans」, 『Acta Physiologica Scandinavica』, 1996.
[107] 「The simplest way to increase nitric oxide through nasal breathing」, 『The Breathing Diabetic』, 2020. 10. 19.
[108] 건강한 성인의 경우 혈액 내 이산화탄소 분압($PaCO_2$)은 약 35~45mmHg, 즉 약 5% 농도 수준을 유지해야 한다. 이는 대기 중 이산화탄소 농도인 0.03%와 비교해 100배 이상의 수치다.

로 빠르고 얕게, 자주 숨을 쉬게 되면 이산화탄소가 과도하게 배출되어 혈중 농도가 정상 이하로 떨어지게 된다. 이를 과호흡hyperventilation[109]이라고 한다. 의학적 정의가 '이산화탄소가 과다하게 배출되어 발생하는 질환'이며, 호흡 곤란, 어지럼증, 저리고 마비되는 느낌, 실신 등의 증상이 나타난다.[110]

이산화탄소는 단순히 빠르게 배출해야 할 노폐물이 아니다. 높은 이산화탄소 농도가 필요한 이유는 이산화탄소가 산소를 세포에 제대로 전달하기 위한 필수 신호 역할을 하기 때문이다. 산소는 대부분 헤모글로빈이라는 택배차를 타고 혈액을 따라 이동한다. 산소를 필요로 하는 세포에 전달하기 위해서는 헤모글로빈이 결합을 풀며 산소를 놓아주어야 한다. 그런데 이때 모세 혈관 주변의 이산화탄소 농도가 일정 수준 이상이어야만 헤모글로빈이 산소를 놓아주는 신호를 받을 수 있다. 그래서 이산화탄소가 부족하면 정작 필요한 세포에 산소 택배를 배송하지 못하게 된다. 얕은 호흡을 하는 사람들이 아무리 호흡해도 숨이 턱턱 막히는 느낌을 받고, 숨을 쉬어도 쉬지 못하는 가짜 호흡을 하게 되는 이유다.

---

[109] 과호흡은 공황장애와의 연관성을 중심으로도 많은 연구가 이루어지고 있다. 공황장애에는 심리적, 생물학적, 인지적 요인 등이 복합적으로 작용하므로 과호흡 습관이 반드시 공황장애로 이어진다는 확실한 인과관계는 성립하지 않고 있다. 그러나 원래 공황장애 위험군이거나 불안도가 높은 사람은 급성으로 숨을 과도하게 빠르게 쉬며 몇 분 이상 과호흡을 지속할 경우 일반 사람보다 더 쉽게 공황 발작이 유도된다. 실제로 연구에서 과호흡을 유도한 공황장애 환자의 40~70%는 즉각 발작을 경험했고, 건강한 사람도 일부는 비슷한 수준의 급성 증상을 보였다. (참고: Antonio Nardi et al., 「Panic disorder and hyperventilation」, 『Arquivos de Neuro-Psiquiatria』, 1999.)

[110] 서울아산병원 질환백과, '과호흡 증후군'

이산화탄소는 산화질소와 비슷하게 혈관을 확장시키는 역할도 한다. 기도 주위 근육과 혈관의 긴장을 풀어주며, 산소가 풍부한 혈액이 세포까지 원활히 도달하도록 돕는다. 혈관이 넓어지면 혈압도 낮아지고 편안함을 느끼게 하는 부교감 신경이 활성화된다.

코 호흡은 입 호흡보다 이산화탄소를 잘 누적시킨다. 공기 저항이 크므로 코로 숨을 쉬는 사람은 일반적으로 더 느린 호흡 리듬을 가지게 되며, 특히 흡기보다는 호기, 즉 내쉬는 데에 더 많은 시간을 들이게 된다. 느린 호흡은 폐에 산소가 머무는 시간을 늘려 산소와 이산화탄소의 교환을 보다 효율적으로 만든다. 헤모글로빈이 실어온 산소 택배를 필요한 곳에 하차할 시간이 많은 것이다. 반면 입 호흡은 저항이 적으므로 짧고 빠른 숨을 유도하며 이산화탄소가 지나치게 빠져나가고, 하차하지 못한 산소 택배들은 다시 내뱉어져버린다. 실제로 폐는 우리가 들이마신 공기 중 산소(총 공기의 약 21%)의 약 4분의 1만을 흡수하고[111] 나머지는 다시 밖으로 배출하는데, 입 호흡은 이 과정을 더욱 비효율적으로 만든다.[112]

수면의 질 및 전반적 웰빙

잠을 자려면 몸이 이완 상태로 들어가야 하며, 이를 주도하는 것이

---

[111] Harsh GoAid, 「How much oxygen does a human need?」, GoAid, 2024. 10. 26.
[112] 설사 입 호흡을 통해 신체가 필요로 하는 것보다 더 많은 산소를 억지로 흡입해도 혈중 산소 농도는 겨우 1~2%만 상승할 뿐이며, 이마저도 헤모글로빈에게 산소 택배를 하차하라고 명령하는 '이산화탄소 신호'가 없으니 굶주린 세포로 전달되지 못하고 허무하게 버려진다. 결국 입 호흡은 단지 더 많은 공기를 들이쉬는 것에 그칠 뿐, 실제로 세포에 전달되는 산소의 양은 오히려 줄어든다.

11 진짜 숨쉬기를 시작하는 법

바로 부교감 신경이다. 반대로 교감 신경이 계속 활성화되어 있으면 신체는 각성 상태에 머무르게 되어 깊은 수면에 진입하기 어려워진다. 문제는 깊은 수면의 결핍이 단순히 피로감을 넘어, 면역 저하, 혈당 조절 능력 감소, 정서 불안정, 기억력 저하 등 일련의 건강 악화를 유발하는 연쇄 반응을 낳는다는 데 있다. 근본적으로 수면의 질을 좌우하는 것은 신경계와 호흡의 방식이다. 호흡이 수면, 나아가 인생 전반의 웰빙과 깊게 연결되어 있는 핵심 기전인 이유다.

12 호흡 능력 테스트하고 훈련하기

| 호흡 능력 테스트

이산화탄소 내성CO_2 tolerance 테스트로 나의 현재 호흡 능력을 살펴볼 수 있다. 실험실에 방문하지 않고 스톱워치 하나만으로 이산화탄소 내성, 산소 활용 능력, 그리고 호흡 능력을 종합적으로 가늠할 수 있다는 점이 매력적이다. 단, 몸 컨디션에 따라 다른 결과가 나올 수 있으니 (특히 몸이 피곤할 때 낮게 나올 수 있다), 여러번 수행하며 결괏값을 관찰하는 과정이 필요하다. 가급적 전 과정을 코 호흡으로 하는 것을 추천한다.

- 1단계: 코로 들이쉬고 끝까지 내쉬는 것을 4회 반복한다. 대략적으로 3~5초 마시기, 5~10초 내쉬기일 것이다.
- 2단계: 5번째 숨에서 최대한 깊게 들이쉬고 타이머를 켜서 최대한 천천히, 조금씩 내쉬며 내쉬는 시간을 측정한다.[113]
- 3단계: 더 이상 숨을 내쉴 수 없을 때 타이머를 중지하고 시간을 본다.

여기서 중요한 건 2단계로, 최대한 모기가 잉잉거리듯, 혹은 남들에게 들리지 않는 소리로 비밀스럽게 숫자를 세듯 천천히 조금씩 내쉬어주는 것이다. 이렇게 조금씩 내쉬면서 관찰할 수 있는 것은 두 가지다. 첫 번째는 횡격막과 늑간근과 같은 호흡근을 천천히 사용할 수 있

[113] 들이쉬고 내쉬는 호흡을 3회 반복하고, 4회째에 내쉬는 숨을 측정하는 방식도 많이 사용한다. 테스트 자체가 이산화탄소 내성 능력에 대한 대략적인 추정이므로 무엇이 더 맞다고 결론짓기는 어렵다.

는 물리적인 제어 능력, 두 번째는 이산화탄소를 누적하면서도 산소를 활용하는 화학적 능력이다.[114]

이산화탄소 내성은 단순한 숨 참기 능력을 넘어 평소 긴장도를 가늠하는 중요한 지표이기도 하다. 대부분의 현대인은 과호흡 경향이 있어 만성적으로 이산화탄소 수치가 낮고, 이에 따라 이산화탄소를 몸에 축적하고 유지하는 능력, 즉 내성이 낮다. 이렇게 과호흡으로 교감 신경이 활성화된 상태는 불안 수준 및 스트레스 조절 능력과 밀접하게 연관되어 있다. 이산화탄소 내성을 통해 부교감 신경계 활성화 수준, 스트레스 정도까지 유추할 수 있다는 의미다. 호흡 테스트를 완료했다면 결괏값이 무슨 의미인지를 살펴보자.[115]

- 50초 이상: 높은 이산화탄소 내성 수준, 호흡 조절 능력 및 스트레스 대응 능력이 우수하다. (8~10초 박스 호흡 수행)
- 25~50초: 평균 이산화탄소 내성 수준. 중간에서 높은 교감 신경 자극 상태. 평균이라고 해서 안주할 것은 아니며, 평균에 해당하는 경우에도 호흡 개선이 필요하다. (5~6초 박스 호흡 수행)
- 25초 미만: 미흡한 이산화탄소 내성 수준. 기계적인 제한이나 폐 기

[114] CO_2 내성이 높을수록 보어 효과(Bohr Effect)에 따라 산소가 조직에 더 효과적으로 전달되므로 유산소 대사의 효율도 높아진다. 호흡을 너무 일찍, 자주 들이마시면 산소 흡수 능력에 한계가 생기기 때문이다. CO_2 내성이 높으면 몸에 계속 이산화탄소를 누적할 수 있으므로 호흡 교환 효율이 좋아지며 평상시에는 불안도가 감소하고 운동 시에는 더 좋은 퍼포먼스를 발휘할 수 있다.
[115] 이산화탄소 내성 테스트는 호흡 역량에 대한 통찰을 제시하지만 정확하고 절대적인 테스트가 아니며, 결과 해석을 위한 구간은 권위 있는 기관이 정해놓은 바가 없으니 대략적으로 참고하도록 한다.

12 호흡 능력 테스트하고 훈련하기

능 저하가 있을 가능성이 높다. 스트레스와 불안에 매우 민감할 수 있으며 몸의 회복에 더 주의를 기울여야 한다. (3초 박스 호흡 수행)

이 테스트를 하고 나면 누군가는 생각보다 잘해서, 누군가는 내쉬는 시간이 너무 짧아서 놀란다. 가장 놀라는 사람들은 그동안 나름 산책이나 달리기도 하고 근력 운동도 하며 몸 관리에 힘썼는데 숨을 얼마 못 참은 분들인 것 같다. 그렇다고 해서 좌절하지 않았으면 좋겠다. 피트니스 레벨과 이산화탄소 내성이 반드시 일치하는 것은 아니기 때문이다. 지구력 운동선수들이 대체로 높은 이산화탄소 내성을 갖고 있는 경우가 많지만, 일부 엘리트 트라이애슬론 선수들은 높은 체력 수준에도 불구하고 낮은 이산화탄소 내성을 보이기도 한다. 게다가 테스트 결과는 피로도의 영향을 많이 받는다는 점도 고려해야 한다. 더 큰 위안은 이산화탄소 내성은 뒤이어 소개할 호흡 훈련만으로도 어느 정도 개선이 가능하다는 점이다.

호흡 훈련

호흡 역량을 높여주는 호흡 훈련 3가지를 소개하고 싶다. 첫 번째와 두 번째 호흡법은 내쉬기 위주의 훈련법으로 몸과 정신을 차분하고 안정되게 만들어주는 방법이라면, 세 번째 호흡법은 의도적으로 과호흡과 긴 숨 참기를 함께 수행해 '깨어있으면서도 차분한alert and calm' 상태를 유도하는 방식이다.

박스 호흡

박스 호흡 box breathing은 이름대로 정사각형으로 숨을 쉬는 기법이다. 정사각형의 한 변이 n이라면, 들숨 - 숨 참기 - 날숨 - 숨 참기를 각각 n초로 호흡한다. 예를 들어 4초 들이마시고 → 4초 멈추고 → 4초 내쉬고 → 4초 멈추는 식이다. 2~5분 동안 반복한다.

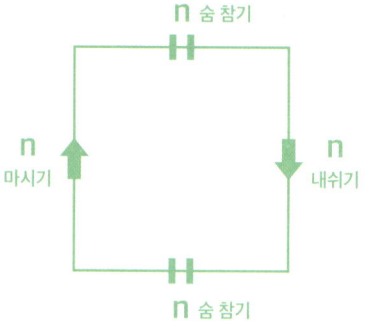

박스 호흡은 보통 4초나 5초로 시작하나, 사람마다 숨을 참는 역량이 다르니 사각형에서 변의 길이를 다르게 시도할 수 있다. 이산화탄소 내성 테스트 결과에 따라 이산화탄소 내성이 평균 미만이었다면 3초씩, 평균이었다면 5~6초씩, 평균 이상이었다면 8~10초씩으로 시작해보고, 수행하면서 숨이 너무 차면 변의 길이를 줄이고, 수월하면 그대로 하거나 시간을 늘려나가는 것을 추천한다.[116]

---

[116] Andrew Huberman, 「How to breathe correctly for optimal health, mood, learning & performance」, Huberman Lab Podcast

정해진 시간동안 숨을 마시고 내쉬어야 하며, 그 사이 숨을 참기까지 해야 하니 호흡근을 적극 사용하고 조절할 수밖에 없다. 그래서 호흡근 조절 능력이 길러진다. 게다가 박스 호흡은 마시는 시간의 합(n)보다 숨을 참고 내쉬는 시간의 합(3n)이 더 길기에 이산화탄소 내성 향상을 위한 훈련도 된다. 처음에는 숨이 조금 찬 느낌이 들 수 있으며, 연습할수록 편안해진다. 훈련답게 점진적 과부하를 주며 점점 변의 길이를 늘려가면 된다. 이후 훈련에 차도가 생기면 다시 이산화탄소 내성 테스트를 해보자. 꾸준한 훈련을 거치면 이전보다 숨을 참는 시간이 길어질 것이며, 호흡 시스템이 더 강해지고 안정된 방향으로 변화하는 것을 관찰할 수 있을 것이다.

박스 호흡의 이점[117]

- 불안과 스트레스를 완화하는 데 도움이 된다. 호흡을 조절함으로써 감정 반응을 스스로 통제할 수 있게 된다.
- 수면 유도에 효과가 있다. 일정한 호흡 리듬을 통해 신경계를 안정시켜 숙면을 유도한다.
- 과호흡을 조절할 수 있다. 규칙적인 호흡 패턴을 통해 얕고 빠른 호흡을 안정된 호흡으로 되돌릴 수 있다.
- 바쁘고 복잡한 하루 속에서도 집중력을 회복하게 한다. 흐트러진 마음을 다시 한곳으로 모아주는 효과가 있다.

---

[117] WebMD Editorial Contributor, 「What is Box Breathing?」, WebMD, 2025. 4. 27.

- 걱정과 공황 반응을 진정시키는 데 도움이 된다. 부교감 신경계를 활성화하여 신체적 긴장을 완화한다.
- 하루를 준비하며 마음을 정돈하는 데 유용하다. 하루의 시작을 보다 차분하게 맞이할 수 있다.
- 중요한 결정을 앞두었을 때 침착함을 유지하는 데 도움이 된다. 감정에 휘둘리지 않고 이성적인 판단을 하도록 돕는다.
- 혈압을 낮추고 코르티솔(스트레스 호르몬) 수치를 줄이는 데 기여한다. 그 결과 기분이 좋아지고 몸 전체의 긴장이 풀리게 된다.

참고로 모든 호흡 훈련은 내 숨을 의식하는 마인드풀니스 mindfulness를 실천하므로 명상과 동일하게 스트레스를 낮춰주고 기분을 개선시켜 주는 효과가 있다. 특히 다음에 소개할 '주기적 한숨'은 더욱 그 효과에서 두각을 드러낸다.

주기적 한숨

주기적 한숨 cyclic sigh 또는 생리적 한숨 physiological sigh이라 불리는 이 호흡법은 기분 개선과 스트레스 감소에 효과적이고, 운동 중에도 활용도가 높다. 몸의 부교감 신경을 활성화하는 데에 가장 효과적인 호흡법 중 하나다. 운동 중 숨이 차서 힘들거나, 옆구리가 아플 때 즉각적으로 심박을 낮춰주고 호흡을 안정시키며 통증을 완화시킨다. 너무나도 간단해서 운동을 멈추지 않고도 심박수를 낮추고, 운동을 지속할 수 있는 몸 상태를 신속하게 만들어 낼 수 있다는 점에서 다른 호흡법과 차별화된다. 운동뿐인가? 상사에게 이메일을 받았을 때, 만원 지하철에 탑승했을 때, 나도 모르게 심장 소리가 내 귀에까지 들리며 쿵쾅거릴 때 이 호흡법으로 스스로를 안정시킬 수 있다.[118]

호흡 방법은 코로 2번 끊어 마시고, 입으로 1번 길게 내쉬는 것인데, 한 번은 크게 가득 마시고 두 번째는 짧고 세게 들이마신 후 입으로 모든 공기를 내뱉는다. 첫 번째 들숨이 폐를 거의 가득 채우고, 두 번째 들숨은 짧고 억지스러운 들숨이다. 그 다음에는 입을 통해 긴 숨을 내쉰다. '크응—킁- 후————' 와 같은 소리가 날 것이다. 한두 세트만 반복해도 심박수가 줄어들고, 심신이 안정되는 것을 느낄 수 있다.

사실 이 호흡은 우리 모두 한 번쯤 경험해 본 적이 있다. 어릴 적 억울해서 울음을 터뜨릴 때를 떠올려보자. 숨을 가쁘게 들이마시며 흐느끼다가 어느 순간부터 점점 숨이 길어지고, 마치 한숨을 내쉬듯 깊게 호흡하며 차츰 진정되었던 기억이 있을 것이다. '흑흑… 후… 흑흑… 후…'처럼 짧게 들이마시고 길게 내쉬는 반응은 우리 몸에 이미 내장된 자가 안정 기전이며, 지금 소개하는 호흡법의 원리이기도 하다.

두 번에 걸친 짧고 강렬한 코 흡입은 폐를 충분히 팽창시키며 횡격막과 폐 주변의 부교감 신경 중 하나인 미주신경 vagus nerve[119]에 부드러

---

[118] Elke Vlemincx and Ilse Van Diest, 「A sigh of relief or a sigh to relieve: the psychological and physiological relief effect of deep breaths」, 『Physiology and Behavior』, 2016.
Melis Yilmaz Balban et al., 「Brief structured respiration practices enhance mood and reduce physiological arousal」, 『Cell Reports Medicine』, 2023.

[119] 12쌍의 뇌신경 중 열 번째에 해당되는 뇌신경으로, 심장, 폐, 부신, 소화관 등의 무의식적인 운동을 조절하는 자율 신경계의 부교감 신경 가지의 중요한 구성 요소다. 골격근의 운동 조절, 심박수 조절, 장의 연동 운동 등에 관여한다. (참고: 서울아산병원 인체정보, '미주신경')

운 내부 압력을 가하게 된다. 이어지는 길고 천천한 내쉬는 숨은 한 차례 더 부교감 신경계를 활성화시킨다. 이중으로 부교감 신경계가 활성화되니 심박수는 낮아지고, 긴장은 완화되며, 몸의 전체적인 진정 상태를 유도하는 생리적 반응으로 이어진다.

긴장도와 심박수가 높아지는 모든 상황에서 활용 가능하지만, 달리기에서 이 호흡법이 특별히 유용한 이유가 있다. 바로 옆구리 통증 완화다. 옆구리 통증은 전체 달리기 인구의 약 70%가 1년에 한 번 이상 겪는 흔한 증상으로, 주로 복부 한쪽에서 근육이 쥐어짜지는 듯한 통증이 느껴진다. 달리기 중 발생하는 옆구리 통증의 정확한 원인은 아직 밝혀지지 않았지만, 유력한 가설은 횡격막의 경련spasm이다. 뇌에서 복부까지 연결된 자율 신경계인 미주신경 또는 그 분지가 자극을 받을 경우 미주신경은 연쇄적으로 횡격막 신경phrenic nerve을 통해 횡격막에 영향을 미칠 수 있고, 이로 인해 횡격막이 경련을 일으키며 통증을 유발할 수 있다.

이 호흡법은 미주신경의 활동을 자극하고 부교감 신경계를 활성화시켜 횡격막의 긴장을 완화하므로 옆구리 통증을 경감시킬 수 있다. 실제로 달리기 수업에서 옆구리 통증을 호소하는 수강자에게 주기적 한숨을 유도했을 때, 통증이 빠르게 완화되는 경우를 자주 봐왔다. 기억해 두었다가 달리기 시에 적극적으로 사용해 보기를 권한다.

윔 호프 호흡법

스트레스 상황에서 무너지지 않고, 오히려 그 자극에 익숙해질 수 있다면 어떨까? 이런 효과를 얻기 위해 찬물 샤워나 콜드 플런지cold plunge에 도전하는 사람들이 많다. 국내에서는 블랙핑크의 제니가 스트레스 관리를 위해 주기적으로 콜드 플런지를 한다고 밝히면서 대중 사이에서도 관심이 높아진 듯하다. 하지만 아무리 유행이라 해도 찬물 앞에서 본능적으로 움츠러드는 사람들이 있다. 찬물 샤워 이야기를 꺼내면 얼음물에 들어간 사람처럼 눈을 동그랗게 뜨고 "저는 절대 못하겠어요"라 말한다.

윔 호프 호흡법은 찬물 샤워와 같이 스트레스 적응력을 길러주는 대안이다. 고대 티베트 승려들이 수행하던 호흡 명상법인 툼모tummo에서 유래했으며, 오늘날에는 윔 호프라는 모험가가 대중화시켰기에 윔 호프 호흡법Wim Hof breathing으로 알려져 있다. 몸에 과호흡으로 큰 스트레스를 주고 그 안에서 다시 이완을 배우는 역설적인 훈련이다.

과호흡, 숨 참기, 회복 총 3단계로 구성된 이 호흡법은 잘 수행하면 숨을 참는 두 번째 단계에서 '죽은 듯한 평화'가 느껴진다. 숨을 오랫동안 참는데도 숨이 쉬어지는 편안한 느낌, 애쓰지 않아도 되는 느낌 말이다. 첫 번째 과호흡 단계에서 산소를 가득 축적한 뒤, 숨을 멈추는 동안 그 산소가 필요한 곳에 자연스럽게 분배되는 듯한 감각이라고 설명할 수 있다. 이 호흡법의 실질적인 유용성도 다루겠지만, 나는 이 느낌만으로도 체험의 밀도가 엄청나다고 생각한다.

이 호흡법을 하는 법은 총 세 단계다. 1단계는 과호흡이다. 숨을 빠르게 마시고 내쉬는 것을 25~30회 반복한다. 특별히 어디로 어떻게 마시고 내쉬고에 대한 지시 사항은 없지만, 많은 사람들에게 이 호흡법을 안내하면서 가장 효과적이었던 방식은 코가 시리도록 크게 마시고, 내쉴 때는 입으로 툭 짧게 절반만 내쉬는 것이었다. 이 단계에서는 손발이 저리거나 머리가 띵해지고, 일시적으로 어지러울 수 있다.

2단계는 숨 참기다. 마지막 숨을 내쉰 후, 숨을 멈추고 버틴다(60~90초). 나는 윔 호프 호흡법을 처음 해보는 분들은 절반 정도만 내쉬고 숨을 참으라고 안내한다. 놀랍게도 예상보다 숨이 오래 참아질 것이다. 이 단계에서 '나는 꼭 1분은 참을거야' 생각하며 억지로 과하게 참아서 기절하지 않도록 주의한다. 숨을 한번 쉬고 싶으면 쉬고 다시 목표한 시간까지 참으면 된다. 숨을 억지로 참기보다는 내 장기 속속들이 숨이 머금어져있다고 연상하면 보다 편하게 수행할 수 있다.

3단계는 회복이다. 숨 참기를 그만두고 깊게 한 번 들이마시고 약 15초간 유지한 뒤 길게 내쉰다.

위 과정을 원하는 라운드만큼 반복한다. 윔 호프 본인이 유튜브에 직접 올린 공식 가이드 영상이 있어(한국어 더빙도 지원한다), 그 흐름에 맞춰 따라 하면 누구나 쉽게 연습할 수 있다.

윔 호프 호흡법은 단순한 이완이나 명상과는 다르다. 이 호흡은 몸을 의도적으로 스트레스 상태에 몰아넣는 것으로 시작한다. 과호흡을 통해 심박수를 높이고, 혈관을 수축시키며, 교감 신경계를 활성화한다. 몸은 이를 위협 상황으로 인식하고 아드레날린을 분비한다.[120] 원리는

---

[120] Omar Almahayni and Lucy Hammond, 「Does the Wim Hof Method have a beneficial impact on physiological and psychological outcomes in healthy and non-healthy participants? a systematic review」, 『PLOS ONE』, 2024.

자발적으로 스트레스를 시뮬레이션함으로써 정신적 안정과 신체적 조절력을 유지하는 연습을 하도록 만드는 것이다. 이후 일상에서 받는 일, 육아, 대인 관계 등의 스트레스를 넘어서는 힘도 길러지게 된다.

과호흡 이후 이어지는 무호흡 구간 또한 주목할 만하다. 이 구간에서는 이산화탄소 내성이 증가하고, 전반적인 호흡 효율과 신체의 내적 평형 감각이 향상된다. 결과적으로 스트레스 자극에 대한 반응성은 줄고, 회복 능력은 높아진다. 단, 이 호흡법이 직접적으로 운동 퍼포먼스를 향상시킨다는 근거는 아직 제한적이며, 향후 추가 연구가 필요하다.[121]

이 호흡법은 강도와 자극이 비교적 높으므로 각별한 주의가 필요하다. 특히 물속이나 운전 중, 혹은 기절 시 사고로 이어질 수 있는 환경에서는 절대 수행하지 말아야 한다. 또한 공황장애, 과호흡 발작, 불안장애가 있는 사람이라면 반드시 전문가의 지도하에 시행하거나 사전에 의료 전문가와 상담해야 한다. 호흡기 질환이 있는 경우도 마찬가지다. 뇌졸중 병력이나 심혈관 질환이 있는 사람들 또한 신중해야 하며, 그러한 질환을 다룰 수 있는 자격을 갖춘 전문가로부터 호흡법 지도를 받는 것이 바람직하다. 만성 폐쇄성 폐질환, 천식 환자, 그리고 임산부 역시 의사와 반드시 상의해야 한다.

트라우마 생존자의 경우도 주의가 필요하다. 호흡에 집중하는 동안

---

[121] 윔 호프 호흡법을 실천한 사람들에게서는 두드러진 생리학적 변화가 관찰되었다. 가장 뚜렷한 변화는 스트레스 호르몬인 아드레날린 증가, 항염증성 사이토카인 증가, 그리고 염증을 유발하는 사이토카인 감소였다. 운동 수행 능력에 미치는 영향은 명확하지 않다. 일부 연구에서는 호흡 강도 향상 등 긍정적인 효과를 보고한 반면, 유의미한 차이가 없다는 다른 연구 결과도 있었다. (참고: Zawn Villines, 「What is Wim Hof Method breathing?」, 『Medical News Today』, 2024. 10. 1.)

신체 감각에 대한 불안이나 불편함을 유발할 수 있기 때문이다. 이런 경우에는 무리하지 말고 천천히 접근하거나, 보다 편안하고 대안적인 스트레스 대응 방법을 전문가와 함께 탐색하는 것을 권한다.

| 적게 숨쉬는 것이 잘 숨쉬는 것이다

그룹으로 달리다 보면 가장 먼저 "저 잠시 쉴게요" 하며 지칠 사람이 운동 시작부터 바로 보인다. 숨소리가 가장 크고 가쁘게 호흡하는 사람이다. 다수와 훈련을 할 때마다 마음속으로 가장 먼저 지칠 사람을 꼽으면 거의 다 맞추었는데, 그건 내가 무당 같은 능력이 있어서가 아니라 다분히 논리적인 추론의 결과다. 호흡이 가쁘고 통제가 안 되면 이산화탄소의 과다 배출로 호흡 효율이 낮을 것이고, 과호흡흘 하니 심박수는 올라가고, 체감 운동 강도가 점점 높아질 수밖에 없다. 보통 달리기 시 숨이 가쁜 사람은 너무 자주, 빠르게, 많이 호흡한다. 앞에서 다룬 코 호흡의 이점에서 유추할 수 있듯 호흡을 너무 많이 하는 것은 호흡 효율 측면에서 그다지 좋지 않다.

제임스 네스터의 책 『호흡의 기술』에는 그가 호흡 전문가 안데스 올손Anders Olsson과 함께 숨을 적게 쉬며 달리는 연습을 하는 장면이 소개된다. 처음에는 3초 마시고 4초 내쉬며 달리고, 그 후 들숨은 똑같이 짧게 쉬나 날숨은 5, 6, 7초까지 점점 길게 내쉬는 훈련 방식이다. 느리게 호흡하는 것과 적게 호흡하는 것은 다르다. 이 훈련은 둘 다를 수행하지만 초점은 적게 호흡하는 것이다. 3~4초 동안 숨을 마실 때 최대한 적게 마신다. 들어오는 산소량이 적으니 내쉬는 숨도 많지 않다. 이렇게 호흡을 적게, 날숨의 비중이 더 높게 조절하며 달리면 혈액 내 이산화탄소 농도가 증가한다. 이는 호흡근과 순환계, 세포 수준에서 산소 이용 효율을 향상시키는 효과가 있다. 이 과정에서 심박수는 조금은 더 안정되고, 주관적 운동 강도가 낮아지며, 부교감 신경계가 활성화되어 정신적인 안정과 집중력이 높아진다.

제임스 네스터는 마시기 3~4초, 내쉬기 7초로 훈련했지만, 꼭 이렇게 정해진 호흡 카운트를 사용하지 않아도 된다. '마시는 숨 적게, 내쉬는 숨 적고 길게' 정도만 기억하고 실험해 보자. 개인적 경험상 처음 몇 km에서는 이런 호흡법의 효과가 느껴지지 않았지만 10km를 넘은 구간에서는 확실히 숨이 더 넓고 편안한 느낌이 들었다.

단, 이런 호흡법을 시도하는 중 뇌와 전신의 혈관이 확장되면서 머리가 띵한 느낌 혹은 두통이 나타나거나 엄청나게 숨이 차는 현상이 나타날 수 있다. 그 경우 앞에서 소개한 박스 호흡법과 같은 별도의 호흡 훈련을 루틴에 추가하여 이산화탄소 내성을 높이는 것이 도움이 될 수 있다.

| 숨 참고 달리기 훈련

마지막으로 소개할 호흡 훈련법은 숨을 참고 달리는 것으로 극단적이고 위험한지라 책에 소개할지 고민이 되었다. 그러나 일반인 중에도 선수처럼 달리기를 연습하는 숙련된 러너가 많고, 이들이 얼마나 치열하게 기록 경신을 목표로 훈련하는지 알고 있기에 기록이 정체되었다고 느끼는 러너들을 위한 새로운 훈련법으로 소개하고자 한다. 단, 이 방식을 시도할 때는 반드시 몸 컨디션에 유의해야 하며, 처음에는 소극적으로 수행해 보는 것을 추천한다.

이 훈련은 일시적으로 저산소 상태를 유도하는 것인데, 매력적인 이점이 있지만 여전히 이색적이고 널리 연구되지 않은 방식이다. 병리학적 저산소증, 고지대 노출, 프리다이빙 등 저산소 상황에서의 인체 반응에 대한 연구를 통해 유추해 보면 인지 기능 손상, 산화 스트레스 등의 위험이 있다. 물론 이 훈련에서는 저산소증이 짧게 지속된다는 점에서 다른 저산소 상황과 명확한 차이가 있어 같은 조건에서 비교하기엔 무리가 있다. 그럼에도 운동 중 숨을 참는 것은 어렵고 불쾌하며 심지어 위험할 수 있다. 위험성과 효과가 아직 덜 연구된 훈련 방식이므로, 신중하게 접근하고 자신의 몸 상태에 귀를 기울여야 한다.

호흡저하법hypoventilation이라 부르는 이 훈련법은 단식이 음식 섭취를 일시적으로 제한함으로써 신체에 특정한 자극과 적응을 유도하듯, 호흡을 제한함으로써 강한 자극과 적응을 이끌어낸다. 앞서 언급한 숨을 적게 마시고 내쉬는 방법과 유사한 효과를 내지만, 더 극적인 적응을 일으킬 수 있다. 이 훈련법은 체코의 전설적인 장거리 선수 에밀 자토페크Emil Zatopek가 고안한 것으로, 최대한 숨을 참고 빠르게 달린 뒤 크게 숨을 들이마시는 방식이다. 그는 1952년 헬싱키 올림픽에서 5000m와 10000m 종목에서 금메달을 차지했고, 평생 한 번도 뛰어본 적 없는 마라톤 종목에도 그냥 출전했는데 금메달을 따 버렸다. 1940~1950년대 당시에는 그의 특수한 훈련법이 널리 인정받지 못했지만, 자토페크의 업적들이 훈련의 효과를 보여준다. 특히 수영 코치들이 이 훈련법을 적극적으로 실험했는데, 물속에서는 숨을 잘 참는 것이 퍼포먼스와 직결되기 때문이다. 지금도 평범한 수영장의 레슨 시간에 선생님들이 출발선부터 끝까지 숨을 한 번도 안 쉬고 수영하도록 지도하는 모습을 흔히 볼 수 있다.

1980~1990년대의 연구들은 호흡저하법이 별 효과가 없다고 결론 내리면서 이 훈련법은 싹을 틔우기도 전에 사그라들었다. 그러나 이후 당시 연구의 미흡한 점이 발견되었다. 숨을 참는 법은 크게 두 가지다. 폐에 공기를 가득 채운 상태에서 숨을 참는 들숨 후 참기inhale-hold와 자연스럽게 날숨을 쉰 후 숨을 참는 날숨 후 참기exhale-hold다. 들숨 후 참기는 폐에 충분한 산소가 남아있어 호흡 저하 상태에 효과적으로 도달하기 어렵다. 당시 연구들은 대부분 들숨 후 참기 방식을 사용해 한계가 있었다. 2000년대에 들어 학자들이 폐에 공기를 반만 채운 채로 숨을 참은 선수들을 관찰하니 근육이 더 많은 젖산염 축적에도 견딜 수 있도록 적응했다. 일부 연구에서는 적혈구가 증가해 더 많은 산소를 운반하고 더 많은 에너지를 생산할 수 있다는 결과도 나왔다.

한국처럼 고지대 훈련(해발 2000m 이상 고도에서의 훈련)이 어려운 나라에서는 호흡저하법이 대안이 될 수 있다. 숨 참기 훈련은 간헐적 저산소 훈련IHT, 즉 고지대 훈련과 비슷한 적응 효과가 있기 때문이다.[122] 두 훈련 모두 운동 중에 의도적으로 저산소 상태를 만들어 경기력 향상에 도움이 되는 신체 적응을 유도한다.[123] 다만 달리면서 숨을 길게 참기는 어렵기 때문에 호흡저하법은 고지대 훈련보다 저산소 노출 시간이 훨씬 짧다. 따라서 적혈구 증가 등 실질적인 혈액 구성의 변화[124]를 유도하기에는 절대적인 시간이 부족할 수 있다. 근육에서의 적응, 특히 젖산염에 대한 내성이 개선되는 효과[125]를 주로 기대할 수 있다.

달리기에서 호흡저하법 훈련을 할 때는 숨을 참고 오래 달리기가 불가능하므로 인터벌식으로 수행한다. 무호흡 시간을 조절하는 가장 좋은 방법은 타이머를 사용하거나 걸음 수를 세는 것이다. 예를 들어 20걸음 숨 참기 후 세 번 크게 호흡하고 다시 20걸음 숨 참기를 반복하

---

[122] Xavier Woorons et al., 「Prolonged expiration down to residual volume leads to severe arterial hypoxemia in athletes during submaximal exercise」『Respiratory Physiology & Neurobiology』, 2007.
[123] 스포츠 과학자인 피터 요페(Peter Joffe)는 산소 포화도를 측정하며 무호흡 달리기를 했는데, 측정 데이터상 세트 초반에는 산소 포화도가 30~40%까지 떨어졌고 전체 세트 중에도 60~70% 이상 올라가지 않았다고 한다. 정상 수치는 95~100% 수준이다. 그는 약 7000m 고도에서 자신의 산소 포화도가 50~60%가 되는 것을 측정했던 적이 있기에 훈련 중 두려움이 밀려오기도 했다고 말한다.
[124] 장기간 고지대에 머무르면 에리트로포이에틴(erythropoietin) 호르몬 분비가 증가하여 적혈구 생산량이 늘어난다. 이는 혈액의 산소 운반 능력을 높여 경기력 향상에 기여한다.
[125] 숨 참기 훈련 중 강한 저산소증과 고탄산혈증이 발생하며, 이는 젖산과 수소 이온 생성을 늘려 신체의 산증(acidosis)을 유발한다. 이와 함께 심박수, 심박출량, 혈압이 증가하는 등 심장 활동이 전반적으로 활발해진다. 몇 주 동안 무호흡 훈련을 수행하면 신체는 산증의 시작을 늦추는 적응을 하게 된다. 연구에 따르면 동일한 운동 부하에서 혈중 pH와 중탄산염 농도는 높아지고, 젖산 농도는 감소하는 경향을 보인다. 이는 근육 수준에서 완충 능력이 개선되었음을 시사한다. 하지만 고지대 훈련과 달리 최대 산소 섭취량(VO2max), 적혈구 수에는 변화가 없어 유산소 대사 능력 자체의 향상보다는 젖산 축적에 대한 내성이 주된 효과임을 알 수 있다.

12 호흡 능력 테스트하고 훈련하기

는 식이다. 숨을 참는 운동 시간과 숨을 쉬는 휴식 시간은 각자의 역량과 운동 강도에 따라 조절한다.

Part 5

러너 정신

13 나를 믿는 힘

나와 단둘이 있는 시간

달리기의 고유성은 오로지 내 몸에 의존한다는 점이다. 몸과 운동화만 있으면 손쉽게 시작할 수 있다. 반면 자전거는 자전거가 필요하고, 수영은 수영장이라는 장소에 국한된다. 헬스는 맨몸 운동도 있긴 하지만 기구나 프리웨이트를 사용하는 경우가 대다수이고, 달리기처럼 수 시간 지속되지는 않는다.

다리가 얼얼하고 숨이 차는 느낌도 힘겹지만, 달리기의 진짜 도전은 정신적인 측면에 있다. 정신적인 도전은 다양한데, 어떤 날은 지루함이 문제가 된다. 같은 동작을 끝날 때까지 반복한다는 지난함이 단조로울 수 있다. 지루함이 생기는 큰 이유는 ==나 자신과 단둘이 있는 시간이 불편하기 때문이다.== 달리는 동안은 스스로와 대화를 하면서 컨디션을 살펴보고, 포기하고 싶은 마음을 다그치고, 힘을 내라 격려도 해줘야 한다. 이 모든 것을 오롯이 혼자 해야 한다는 이질감은 명상을 시도해 본 사람이라면 알 수 있을 것이다. 가만히 눈을 감고 숨을 쉬다 보면 수십 분은 족히 지난 것 같은데 고작 3분 정도 지났을 뿐이니까. 나 자신과 온전히 있는 시간을 얼마나 견디기 힘들어하는지, 실존적 무게에 대한 거창한 언급이 없더라도 우리는 이미 알고 있다.

달리기는 아무도 모르게 중도 포기하기 쉬운 구조의 운동이기도 하다. 단순히 잠깐 멈춰서면 된다. 핸드폰을 꺼내고 소셜 미디어를 보면 시간이 잘도 간다. 컨디션에 아무 이상이 없음에도 불구하고 목표에 도달하기 전에 그만 달리는 날도 잦을 것이다. 건강하지 않은 완벽주의를 가진 사람은 목표에 현저히 미달할 바에야 여기서 그만두자는 생각을 할 수도 있다. 타고나기를 의지가 센 초인들은 이해하지 못할지도 모르겠지만, 중도에 포기하고 그날의 달리기는 조용히 묻어두는 경험이 누구나 있을 것이다. '그래도 이 정도면 땀은 났으니까' 달리러 나온 것에 의의를 두면서도 최선은커녕 차선조차 다하지 않았다는 습도 높은 불쾌감과 함께 귀가한 적 말이다. 몸에 이상이 있거나 피로도가 심해져서 다음 날 컨디션을 위해 그만두는 이유 있는 포기와, 단순히 그만하고 싶은 포기는 다른 것을 우리는 알고 있다.

이미 달리기가 삶의 루틴의 일부가 되었다면 그러한 과정을 어느 정도 거쳐왔을 테고, 때때로 다시금 도전의 순간이 찾아오면 정신을 다스리는 자기만의 방법을 가지고 있을 것이다. ==달리기를 하며 겪는 정신적 도전은 부정적이지 않고, 오히려 달리기의 매력임을 이야기하고 싶다.==

| 달리기의 자유

비행기를 타면서 기내 엔터테인먼트를 전혀 이용하지 않고 몇 시간 동안 운항 경로만 쳐다보며 비행을 마치는 사람들의 모습이 한동안 바이럴된 적이 있다. 우리는 매 순간 신체가 맞이할 준비가 안 된 과학과 기술을 받아들여야 하는 입장에 있다. 디지털 매체가 주는 과한 자극으로 만성 흥분 상태에 놓여 있는 것이다. 그런데 이 와중에 혼자 자신을 관찰하고, 스스로와 시간을 보내며 심지어 (대부분의 달리기는 야외에서 이루어지므로) 자연이나 도시 환경을 거닌다니. 어색하기도 하지만 러너는 묘한 자유로움을 느끼게 된다.

우리는 핸드폰을 보고 말고가 자의적인 선택이라고 생각하지만, 의지만으로는 그렇게 중독적인 물건을 가만히 두기가 쉽지 않다. 이런 설계에 대해서는 여러 책과 다큐멘터리가 잘 다루고 있다. 그런데 끊임없이 사지를 움직여야 하는 러닝이라는 분주한 상황에서는 핸드폰을 안 봐도 되는 자유로움이 주어지고(손에 핸드폰을 들고 뛰는 사람은 거의 없다), 몸과 정신이 다시 연결되는 특별한 자유를 느낄 수 있다. 지구력 훈련은 필요성 때문에만 하던 나도 어느 순간부터 장거리 훈련을 한 날, 집에 돌아오는 길에 다시금 핸드폰을 만지작거리며 '그래도 몇 시간동안 핸드폰 안 볼 수 있어서 행복했다'고 회상하는 아이로니컬한 순간을 발견한다.

달리기 경력이 늘어날수록 러닝 거리와 시간, 속도는 자연스레 좋아지게 된다. 달리기 숙련도가 증가한다는 것은 더 길게, 더 멀리, 더 힘들게 운동할 수 있다는, 즉 중도 포기를 덜 하게 된다는 의미다. 이는 어쩌면 체력 향상의 자연스러운 효과다. 전날 잠을 잘 못 자거나 고된 하루를 보냈을 때와 같이 몸이 힘들면 평소라면 괜찮았을 감정적 자극도 나를 동요시키는 큰 사건으로 번져버리기도 한다. 그러나 달리기를 하다 보면 기초 체력이 현저히 향상되고, 전과 같은 거리나 강도로 운동을 해도 몸이 덜 피로하니 정신도 좋은 상태를 유지하기가 수월해진다. 몸의 힘이 마음의 힘과 함께 길러지는 것이다. 달리기 능력이 좋아지면서 정신을 다스리는 나만의 방법이 생기기도 하고, 반대로 정신으로 몸을 이끌어가는 힘도 발전한다. 숙련된 러너들은 때때로 도인 혹은 수련자 같은 느낌을 풍기곤 하는데 그들의 평온함은 특유의 느리고 큰 심장 박동에서 오는 것일까 생각한다.

헬스를 수련의 경지처럼 하는 사람도 많지만, 몸만 자란 사람도 많다고 느낀다. 나 역시 한동안 그랬고 여전히 몸에 비해 정신은 나약하지만 말이다. 동료 헬스인들을 항상 애정 어린 시선으로 바라보지만, 겉으로 보이는 몸은 엄청나게 멋진 반면 정신은 나약하고 볼품없는 경우가 있다. 이런 관찰은 당연히 나의 고유의 것이기에 과학적으로 연구된 바는 없고 모든 사람이 자기 경험을 들어 반박할 수 있겠지만, 전반적으로 러너들이 더 정신이 부드럽고, 유연하고, 강하다는 인상이다. 수 시간 동안 반복하는 단조로운 운동 안에서 각자의 수련을 하지 않았나 싶다.

소셜 미디어가 우리 삶에 충분히 녹아들면서, 많은 사람들이 정신력의 약화를 인지하고 문제 삼는 시기가 도래하고 있다. 마음이 강해지는 것을 화두로 삼는 사람이 늘었다. 러닝 붐이 일어난 건 단순히 패셔너블해서나 사교하기 좋아서, 혹은 미토콘드리아에 좋아서가 아닐 것이다. 정신을 단련하고자 하는 욕구가 반영되어 있고, 러닝은 그것을 충족해 주고 있다.

용기 내어 휴식하기

강한 정신력을 만드는 적응은 점진적으로 얻어지는 것이기에, <u>초보자라면 오히려 정신적으로, 육체적으로 충분히 좌절해야 한다.</u> 성장의 속도는 개인차가 있겠지만, 어차피 꾸준히 달리다 보면 정신적, 육체적 발전은 예견되어 있다. 그리고 우리 삶을 구성하는 요소가 얼마나 많은가? 달리기 훈련은 중도에 포기했을지라도 회사에서 중요한 프로젝트에 몰두해 성공적으로 마무리했을 수도 있다. 우는 아이를 달래느라 잠이 부족했을 수도 있다. 삶에는 수많은 일들이 있고, 어떤 일은 잘할 수도, 어떤 일은 못할 수도 있다. '러너 컬처'에 너무 과몰입하며 마치 올림픽에 출전하는 선수라도 된 듯 실패는 용납할 수 없다며, 달리기 훈련의 성공 여부가 삶의 성공인 것마냥 비장하게 대하는 것이 가장 위험하다.

모든 운동에는 동전의 양면과 같이 크게 두 가지 태도가 있다. 과하게 부상을 조심하면서 발전 속도를 늦춰서 안타까운 태도, 반대로 중도 포기는 죄악이라 여기며 끝까지 자신을 정신적으로 그리고 육체적으로 밀어붙이는 태도. 당연히 중용이 가장 중요하다. 겁먹은 태도는 발전의 속도를 늦추고, 발전이 느리니 흥미를 덜 느끼게 된다. 반면, 하드코어한 스타일은 발전이 빠르고 운동에 재미도 잘 느끼나 부상 위험이 치솟는다. 결국 일관되게 한 태도를 고수하기보다는 둘을 섞는 것이 가장 이상적이다. 때로는 스스로를 밀어붙이고, 때로는 여유를 주는 완급 조절 말이다. 현실적으로 둘 사이의 균형을 찾는 건 노련함이 필요한 일이고, 그 경지까지 도달하기 위해서는 자신의 몸 상태를 잘 파악하고 있어야 한다.

거의 10년 동안 몸에 대해 가르치는 직업을 가져온 나는 꽤나 내 몸을 잘 알고 있다. 특히 트레이너가 되고 나서는 한 번도 중대한 부상을 겪은 적이 없다. 부상을 예방하기 위한 운동도 규칙적으로 하고, 몸이 어딘가 아플 때면 무조건 휴식한다.

달리기도 처음에는 같은 방식으로 시작했다. 나는 원래 부상을 상당히 두려워하는 마음으로 모든 운동을 수행하므로 정석근 헬스라이프에 훈련을 나가서도 엄살을 부리며 주말 훈련에서는 20km 정도 뛰었을 즈음 도망가기도 했고, 주중 포인트 훈련은 종종 잘라먹으며 몸에 무리가 가지 않게 조절해 왔다. 농땡이 피운다고 한소리를 듣기도 했지만, 내적 핑계는 다음과 같았다. '나는 달리기만 하는 게 아니라 강도 높은 근력 운동은 일상적으로 수행하고, 달리기 훈련 비중이 높아지기 직전에 자전거나 언덕 오르기 등의 다른 유산소 활동으로 대체하며 부상 위험을 관리하는 크로스 트레이닝을 하니까.' 그래서 정말 몰입하는 러너들처럼 월간 수백 킬로미터의 누적 마일리지를 채운다거나, 목표하는 마라톤 기록이나 페이스 같은 것도 없었다. 그저 달리기가 몸에 유익하니까 해왔다. '이렇게 했기 때문에 단 한번도 운동을 중단해야 하는 중대한 부상을 겪은 적이 없지.'

그렇지만 달리기 책을 집필하게 되니 위험 회피적인 성향 때문에 필요 이상으로 안일하게 달리고 있는 것은 아닌지 조바심이 들기 시작했다. 달리기 수업을 이끌며 수많은 사람들이 부상 없이 달릴 수 있도록 지도해온 트랙 레코드track record도 있었고, 머리로는 잘 달리는 것과 잘 가르치는 것은 다르다는 점을 수긍하고 있었지만 달리기를 충분히 열심히 하고 있지 않다는 자책은 피할 수 없었다. 전문가에게 달리기 자세 코칭을 받는 등 달리기 관련 정보들을 탐구하면서는 안도감을, 집에 돌아와서는 남들의 달리기 기록을 보며 불안감을 느끼기를 반복했다.

나와 같은 특수한 계기가 아니더라도, 수많은 러너들이 조바심을 느낀다. 특히 마라톤 대회를 등록했을 때 그렇다. 갑작스럽게 훈련 강도를 높이고, 훈련 횟수를 주 3회에서 5회로 늘린다. 함께 러닝하는 수준이 비슷한 친구들이 전날 장거리를 했다고 하면, 너무 피로한데도 굳이 다음날 꾸역꾸역 장거리 훈련을 해낸다. 어쨌든 달리기는 기록이라는 결과로 이야기하는 스포츠이므로 원하는 시간 안에 골인하기 위해 소화해야 하는 훈련량이 있고, 그만큼을 채워야 한다는 압박이 있기 때문일 것이다. 러닝 유행은 언제나 있어왔지만 지금처럼 거센 적은 없었던 것 같다. 수많은 소셜 미디어 포스트는 일주일에 100km 이상을 달리는 사람, 속도가 엄청난 사람, 매주 주말에 마라톤에 준하는 거리를 달리는 사람들의 존재감을 부각시키고 있다. 수많은 러너 사이 이런 사람들의 비중을 따져보면 한 줌이겠지만 말이다.

조바심, 비교, 그로 인한 열등감이 만들어내는 발전도 있다. 그러나 의지가 몸의 역량을 앞서면 부상은 예정되어 있다. 부상이 생기면 몇 주, 몇 달을 쉬어야 한다. 그때 가서 남들이 달리는 모습을 구경하며 느리게라도, 초보자처럼 달리더라도 그저 달릴 수 있으면 소원이 없겠다고 후회하면 늦을 것이다.

　나의 조바심은 한 번의 감사한 계기로 브레이크를 밟게 되었다. '불안을 해소하는 것은 오로지 정면 돌파다!' 생각하며 일년 전에 자주 신던 카본화를 비장하게 꺼내고 새벽 훈련에 나갔다. 포인트 훈련의 1/3이 지났을 때, 무릎 바깥쪽이 아프기 시작했다. 전날 하체 운동을 너무 심하게 했나? 사이클 인터벌을 너무 격렬하게 해서일까? 아니면 그 사이 주법이 바뀌어서 더 이상 아디다스 프로 3가 맞지 않게 된 것일까? 작년엔 잘 신고 달렸는데. 원래의 나라면 통증을 느끼면 운동을 그만두었겠지만, 무려 러닝에 대한 책씩이나 쓰고 있는데 그러면 안 될 것 같았다. '오늘 훈련을 완주해야 내 능력치가 향상될 테니까.' 결국 신발을 벗어던지고 트랙을 양말만 신고 달렸다. 다소 부끄럽지만 한편으로는 신발의 도움 없이 와일드하게 트랙을 달리는 내가 너무 멋지게 느껴졌다. 하체가 엄청 탄력 있게 나간다는 느낌도 받았다.

　그런데 웬걸, 다음날 자고 일어나자마자 전날 훈련에서 중도 하차하지 않은 것을 후회했다. 무릎은 괜찮았지만 맨발로 달려서인지 발바닥에 통증이 있었다. '유난 떨다가 이렇게 가는구나…' 탄식과 함께 축 쳐져 있었다. 그냥 '오늘은 날이 아닌가보다' 하고 집에 갔으면 될 것을. 다행히도 하루 지나고 바로 괜찮아졌지만 마치 달리기라는 운동에 내 인생이 걸린 듯, 훈련을 포기하면 인생의 실패자가 된 것처럼 생각하는 쓸데없는 비장함이 얼마나 위험한지 교훈을 얻었다.

| 일상을 잘 달리는 법

　조바심을 내지 않는 방법은 첫째, 트레이닝을 달리기 그 자체에 국한하지 않는 것이다. 물론 하나의 분야에 일반인으로서 준 전문가가 된다는 건 정말 특별한 일이다. 달리기의 준 전문가들은 한달에 누적 300~400km를 달린다. 정말 많이 뛰는 사람은 800km 이상 뛴다. 이러한 '러닝 마일리지'는 러닝 열풍 속에서 점점 상향 평준화되고 있다. 한달에 200km 정도 뛰어서는 많이 뛰는 축에도 못 낄 정도다.

　그런데 준 전문가들이 주축을 이루는 소위 러닝 컬처를 내집단으로 삼기 시작하면 달리기를 신체 활동의 전부처럼 여겨야 하고, 그렇지 않으면 달리기에 진지한 태도가 없다고 취급되는 것 같다. 누구도 강요하지는 않았지만, 원래 동조 압력 peer pressure 이 그런 것이니 말이다. 등산, 사이클, 수영, 헬스 등을 겸하는 러너도 많지만, 극단적으로 달리기 마일리지를 높이려면 모든 움직임이 달리기로 수렴할 수밖에 없다. 일반인들은 경제 활동, 집 청소, 육아, 수면 등의 고정 시간을 쓰고 나면 운동에 쏟아부을 수 있는 시간이 매우 한정적이다. 그러면 다양한 운동들이 시간을 두고 경합할 수밖에 없는 관계가 된다.

　대부분의 일반인에게 달리기가 신체 활동의 전부인 것이 과연 이상적일까? 다른 운동은 하지 않고 달리기만 하는 사람 중 몸이 굳고 자세가 틀어진 사람들을 수도 없이 보아왔다. 어떤 악마가 잘 달리는 능력을 주는 대신 현저히 낮은 유연성, 균형, 굳은 척추와 고관절을 주겠다고 하면 선택할 사람이 과연 얼마나 될까. 달리기는 삶의 전부가 아니다. 다양한 몸의 움직임을 충분히 탐구하며 살아가는 것도 중요하다. 테니스를 치고, 요가와 필라테스를 하고, 헬스장도 다니는 나의 움직임 총량을 인정해 주어야 한다. 달리기를 안 하고 다른 운동을 했다는 죄책감을 갖지 말라는 의미다. '이번주엔 헬스를 5일씩이나 했네. 그래서 달리기 마일리지를 쌓기 어려웠어.' '오늘은 달리기 하기엔 너무 힘드니까 헬스장 가서 오랜만에 스트레칭이나 할까, 그리고 실내 자전거를 40분 타볼까.' '주말엔 테니스 쳐야 하니까 달리기는 못하겠네' 모두 충분히 유효한 논리다.

또한, 직접적인 신체 활동 외에 일상을 잘 사는 것도 트레이닝의 일부라는 생각을 가져보자. 평소 음주를 하거나 야식을 먹지 않는 것은 물론이고, 수면 시간을 확보하고 적정 체중을 유지하며 최적의 컨디션을 만들도록 한다. 러닝 퍼포먼스 증진을 위해 혈액의 점도가 너무 높아지는 것을 예방하려고 가공 식품을 끊었다는 러너도 보았다. 컨디션 관리도 트레이닝의 일부라 여기며 생활속 바른 습관을 하나씩 쌓을 때마다 스스로에게 가산점을 주며 잘 하고 있다고 격려해 보자. 바른 생활 습관은 결국 중장기적으로 러닝 퍼포먼스에 피가 되고 살이 될 것이다.

결국 컨디션을 면밀히 살피며 내 몸과 움직임이라는 큰 그림을 이해하고 나아가는 것이 조바심을 다스리고 달리기의 지속 가능성을 높이는 방법이 될 것이다.

디테일 러닝 - 호흡과 자세로 완성하는 러닝 퍼포먼스
구현경 지음

초판 1쇄 발행 2025년 10월 10일

발행, 편집 파이퍼 프레스
디자인 위앤드

파이퍼
서울시 마포구 신촌로2길 19, 3층
전화 070-7500-6563
이메일 team@piper.so

논픽션 플랫폼 파이퍼
piper.so

ISBN 979-11-94278-13-9 03510

이 책의 출판권은 파이퍼에 있습니다.
이 책 내용의 전부 또는 일부를 재사용하거나 번역, 출판하려면
반드시 파이퍼의 서면 동의를 받아야 합니다.